D1144814

COLLECTION « L'ÉCRAN D'ARGENT »

DU MÊME AUTEUR

Souvenirs Provisoires (Julliard).
La Pomme de son œil (Julliard).
Le Soleil et les ombres (Laffont).
    Prix de l'Académie Française (fondation H. de Jouvenel).
    Prix des critiques cinématographiques (Armand Tallier).
Il fait beau, mais ne le répétez pas (J.C. Lattès).

Au Théâtre

L'Empereur de Chine, Théâtre des Mathurins.
L'Île Heureuse, Théâtre Edouard VII, avec Maria Montez.
Un beau dimanche, Théâtre de la Michodière, avec François
    Périer.
Farfada, Théâtre de l'Étoile, avec Philippe Lemaire.
Lucy Crown, Théâtre de Paris (d'après le roman d'Irwin Shaw), avec
    Edwige Feuillère, Bernard Blier, Paul Guers.

JEAN-PIERRE AUMONT

DIS-MOI D'ABORD QUE TU M'AIMES

CO-ÉDITION
ÉDITIONS JADE – PARIS
LIBRAIRIE FLAMMARION – PARIS

Déjà parus dans la collection L'Écran d'Argent :

Cotton Club, par Jim Haskins (chez l'éditeur).
Les Derniers Jours d'Alfred Hitchcock, par David Freeman, essai suivi du scénario inédit d'Alfred Hitchcock, « *The Short Night* » (chez l'éditeur).
Les Amoureux du 7ᵉ, par Jacques Rouland (diffusion Alternative).
La Boutique des Visages Drôles, par Federico Fellini (diffusion Alternative).
Alexandre Trauner, Cinquante ans de cinéma (diffusion Flammarion).

Vous désirez être tenu au courant de nos publications ?
Communiquez votre nom et votre adresse à :
ÉDITIONS JADE
1, square Puccini
F – 78150 Le Chesnay

A tous ceux dont je parle ici
Et à quelques autres aussi,
Avec tendresse et complicité.

AVANT-PROPOS

« *Je m'en vais te jouer tout ce que tu voudras. Mais dis-moi d'abord que tu m'aimes...* »

Ainsi répondait Mozart, dès l'âge de cinq ans, quand on le priait de se mettre au clavecin.

Mais – clavecin ou non – n'avons-nous pas tous besoin qu'on nous aime? Surtout si nous n'avons plus cinq ans. Surtout si nous appartenons à cette secte étrange que forment les acteurs.

Rencontrons-nous un ami, nous ne lui demandons pas de ses nouvelles, nous ne l'interrogeons pas sur ses activités, sa santé, ses projets. C'est à nous-mêmes que nous posons des questions :

« *Qu'est-ce qu'il pense de moi?* »

« *Est-ce qu'il m'aime?* »

Oui, nous sommes vulnérables.

Oui, nous sommes fragiles et désarmés.

Oui, nous sommes susceptibles et trop facilement blessés.

Oui, nous sommes anxieux, égocentriques, ombrageux, écorchés vifs.

Oui, nous sommes impudiques et putains. Nous pourrions, nous devrions normalement paraître insupportables au reste des humains. Et pourtant ils se dérangent pour nous voir... Et, la plupart du temps, non seulement ils nous acceptent, mais encore ils nous applaudissent...

C'est qu'il y a en nous une espèce de grâce... Le public a pour nous les yeux de Napoléon pour Pauline Borghèse : « Elle était gâtée, capricieuse, excessive... on lui pardonnait tout. Parce qu'elle était généreuse et loyale. Et, surtout, elle vivait. Il suffisait qu'elle apparaisse. Il suffisait même qu'on parle d'elle en son absence, pour que tout s'éclaire et s'anime... »

Oui, à notre façon, nous sommes loyaux et généreux. Nous nous enflammons pour des causes... Nous vivons d'enthousiasmes imprudents et de toquades vite oubliées.

On traite souvent les acteurs de cabotins.

Ce qui m'étonne, c'est qu'ils ne le soient pas davantage.

Prenez un monsieur normal à tous points de vue : honnête citoyen, fils respectueux, mari attentionné, père bienveillant. Vaque-t-il à son travail, le matin, comme tout le monde? Que nenni. A 9 heures, il n'est ni debout devant quelque établi, ni assis à quelque bureau. Il est entre les mains d'un maquilleur qui lui applique du fond de teint sur la gueule, du rose aux joues, des ombres sur le cou et du rimmel aux yeux.

Est-ce bien raisonnable?

Et qu'en penseraient des enfants sainement constitués s'ils voyaient leur père se livrer, l'air digne et recueilli, à de telles fariboles?

Ces bambins joufflus ne seraient pas au bout de leurs surprises. Le col de chemise protégé du maquillage par des serviettes en papier, notre homme se met à étudier un texte. Il lui faut de longues minutes pour s'enfoncer dans le crâne des répliques que ses enfants apprendraient en trois secondes. Il répète, sur un plateau encombré, une scène où il doit déclarer son amour matinal à une dame qu'il ne connaissait pas la veille au soir.

Il ne mange pas pour ne pas grossir. Il ne fume pas pour ne pas perdre une mémoire déjà défaillante. De retour au bercail, il se précipite sur les journaux pour voir si son nom y figure. Emmène-t-il sa petite famille au restaurant? Des voisins de table lui font signer des bouts de papier graisseux. « Très amicalement » écrit-il à ces gens qui lui sont totalement étrangers.

Est-ce bien raisonnable?

Et ne pourrait-on trouver, pour cet animal singulier qu'on appelle comédien, des excuses à son cabotinage, lorsque – c'est rare – cabotinage il y a.

Les femmes, les hommes de tous pays, de tous temps, me direz-vous, ont besoin d'être aimés... De leurs parents, d'accord. De leurs conjoints, de leurs enfants, de leurs amis. Soit. Mais pas de tout le monde!!!

Qu'ils soient boulanger, maçon, lingère ou pharmacienne, leur métier ne consiste pas essentiellement à se faire aimer!

Pour nous, c'est notre raison de vivre.

Un industriel, un commerçant produisent ou vendent quelque chose de précis, de concret. Mais les acteurs? Ils ne peuvent vendre que ce qu'ils ont : ce qu'il y a en eux de plus secret, de plus pudique, de plus intangible...

– Et les autres artistes? Les peintres, les sculpteurs, les écrivains, les compositeurs...

– Du moins travaillent-ils chez eux, à l'heure qui leur convient et uniquement lorsque, par bonheur, l'inspiration les visite. Ils œuvrent dans la solitude. Ils n'ont pas à se montrer nus, chaque soir, devant mille étrangers. Certes, tous ceux qui créent, d'une façon ou d'une autre, se mettent à nu. Mais ils le font sans témoins. L'acteur, lui, n'existe que s'il se trouve des spectateurs. Comme un homme, un peu, qui ne pourrait faire l'amour qu'en présence de voyeurs...

Les autres, s'ils ne sont pas satisfaits de ce qu'ils ont entrepris peuvent le détruire ou le déchirer. La corbeille à papier fait partie de leurs instruments de travail... Nos instruments ne sont ni la palette, ni le ciseau, ni le crayon, ni le clavier, mais nos battements de cœur, nos joies et nos larmes...

A un mécène qui l'accusait d'être trop cher :

« Après tout, vous n'avez mis que trois heures pour faire mon portrait », un peintre répondit :

« Erreur! J'y ai mis toute ma vie... »

Nous aussi, quand nous créons un personnage, nous devons le nourrir de notre passé.

Il nous faut y enclore des sensations, des sentiments, des passions que nous avons éprouvés çà et là... On ne joue bien Agnès qu'à soixante ans.

« J'engrange tout ce que je ressens, et je m'en sers quand j'en ai besoin, dit Madeleine Renaud, comme si j'avais mis tous ces bouts d'expérience au réfrigérateur, en attente... »

Non... aucun métier n'est comparable au nôtre.

Un médecin fait sept ans d'études. Un architecte, un ingénieur bâtissent des œuvres précises, et, de préférence, solides. On ne leur pardonnerait guère l'écroulement d'un barrage ou d'un pont. Mais nous pouvons commettre les pires fautes professionnelles sans que cela nuise à notre carrière. Bien au contraire, ce sont souvent les erreurs, les excès ou les lacunes d'un comédien qui affirment sa souveraineté.

Notre métier est, à coup sûr, celui où l'on s'embrasse le plus. Il paraît que la poignée de main a été inventée pour prouver qu'on ne portait pas d'armes, qu'on n'était pas un ennemi, mais, pour nous, ça ne suffit pas.

L'acteur le plus viril, le plus distant, le plus pudique, se demanderait ce qui lui arrive si, un soir de Générale, l'auteur, le metteur en scène et tous ceux qui, de près ou de loin ont participé au spectacle, ne lui sautaient pas au cou, ne l'étreignaient pas, ne l'inondaient pas de baisers.

Sans ces manifestations, il serait persuadé qu'il a mal joué. De là au suicide, il n'y a pas loin...

Sommes-nous vraiment les seuls? Le président de la République ne donne-t-il pas l'accolade à celui qu'il décore? Et ne baisons-nous pas la main d'un cardinal? Le théâtre est issu de l'Église, on le sait.

Oui, nous avons besoin d'être aimés, à tout moment de notre carrière, à tout âge. Et pas seulement du public, mais de nos partenaires, des techniciens avec qui nous travaillons et, avant tout, de notre metteur en scène.

Il m'est arrivé deux fois, au cours de ma carrière, de travailler sous l'égide de metteurs en scène qui ne m'aimaient pas. Dieu, que j'en ai souffert! Je rentrais chez moi, chaque soir, persuadé que je n'avais pas le moindre talent, que je devais abandonner au plus vite un métier pour lequel je n'étais pas doué. Je les sentais hostiles, impatients, ou même, tout simplement, indifférents. Les acteurs peuvent supporter tout, sauf l'indifférence... L'indifférence est pire qu'un camouflet, pire que la critique la plus acerbe, pire que des engueulades injustifiées... Envers ceux qui nous combattent, nous pouvons nous défendre, contre-attaquer, rugir... mais comment réagir devant cette nappe de brouillard, l'indifférence?

La plupart des acteurs aiment être applaudis à leur entrée en scène. Eh oui! c'est de cette fragile étoffe que nous sommes faits...

Au lieu d'ignorer ce genre de manifestations qui, d'ailleurs, se produisent beaucoup moins souvent en France que dans les pays anglo-saxons, nous nous épanouissons. Du moins certains d'entre nous, dont je suis.

A mes yeux, être applaudi dès que nous apparaissons, est une marque de confiance, un chèque signé en blanc. Cela signifie que nous avons laissé de bons souvenirs, que parmi ces centaines de spectateurs, il y en a qui sont venus plus particulièrement pour nous, qu'ils vont nous regarder, nous écouter d'un cœur ouvert... Je comparerais volontiers les femmes qui battent des mains à notre entrée, à celles qui retrouvent, après une séparation, un ancien amant. Il y a, dans leurs sourires une complicité, une reconnaissance émue à la pensée des heures vécues ensemble. Les plus lucides constatent : « Comme il a vieilli! » *Mais elles écartent vite cette évidence, car, enfin, elles aussi...* « *Il était si charmant!* » *soupirent-elles. Et cela les incite à nous trouver charmants à nouveau...*

Être applaudi, c'est ce clin d'œil tendre et plein d'espoir.

Être applaudi, c'est un certificat, une décoration, une bouffée d'oxygène, une piqûre de vitamines, un Oscar, un César, une couronne, une bénédiction, un coup de pied au cul pour nous faire progresser...

Une autre particularité de notre profession, c'est qu'on s'améliore à ne pas l'exercer!

Quand, profitant d'une permission de quinze jours, je montai sur la scène des Ambassadeurs, en 1945, après être resté de longs mois sans jouer, tout le monde me dit – et je m'en rendis compte – à quel point j'avais progressé. Auparavant, j'étais tendu, j'en faisais des tonnes, j'avais trop le souci de plaire... Sortant de la guerre, je me sentais décanté, épuré. Je mesurais à sa juste valeur le peu d'importance de ce que nous faisions sur les planches, par rapport à ce que je venais de faire, là où seules la vie et la mort étaient en jeu.

Quand je jouais aux Ambassadeurs, je pensais chaque soir à la 1ʳᵉ D.F.L., l'unité à laquelle j'appartenais. Quand je l'ai rejointe en Alsace après ma permission, je n'ai jamais plus pensé au Théâtre des Ambassadeurs où cependant la pièce poursuivait sa carrière *. J'en suis le premier surpris, mais c'est ainsi.

Il n'y a pas toujours de guerres – Dieu soit loué – pour nous soustraire à nos activités. Peu importe. Des vacances, une retraite voulue ou forcée, un voyage, tout ce qui nous éloigne de la scène, nous sera bénéfique. Le temps se révèle plus efficace pour nous perfectionner que le meilleur metteur en scène.

* Note de l'éditeur: *Une grande fille toute simple* d'André Roussin.

16

Le théâtre donne des ailes à ceux qui n'en ont pas.

J'ai connu un acteur myope, petit, malingre, d'aspect ingrat, qui ressemblait plus à un frileux notaire de province qu'à l'image qu'on se fait d'un héros. Sa réussite était d'autant plus surprenante qu'il jouait Figaro, Scapin, Don César de Bazan, rôles claironnants, qui exigent de la voix, de la taille, du souffle, du panache. A la fin, il était devenu presque aveugle. Dans la vie, il s'avançait en tâtonnant. Sur scène, il sautait par-dessus les bancs des Fourberies de Scapin, *dégringolait la cheminée de* Ruy Blas, *courait à travers les charmilles du* Mariage de Figaro, *cabriolait dans* Le légataire universel. *A tel point que les spectateurs, avertis de sa cécité, s'imaginaient qu'il était guidé, à travers la scène, par un système de fils invisibles.*

Il n'en était rien. Tout simplement, le rideau levé, il retrouvait sa jeunesse, son agilité d'antan, et sa vue.

C'est le miracle du théâtre.

Un de mes camarades américains, Van Johnson, s'estimait à juste titre, trop gros. Il jouait alors je ne sais quelle pièce en tournée. Chaque soir, dans sa loge, il adressait au Seigneur une prière : « Mon Dieu, faites-moi perdre deux kilos avant que le rideau ne se lève. » Il les perdait.

Quant à Sarah Bernhardt, à l'époque où elle joua l'Aiglon et Lorenzaccio, elle aurait pu être leur grand-mère. Aux feux de la rampe, on oubliait son âge et sa jambe de bois.

C'est le miracle du théâtre.

Dès que je fus en âge de lire, les colonnes Morris exercèrent sur moi une fascination. Je rêvais devant elles, certain, au trouble qui m'oppressait, de commettre un péché. Je déchiffrais avec ferveur non seulement le titre des pièces, les noms des auteurs et des acteurs, mais jusqu'aux heures des représentations, jusqu'aux numéros de téléphone des bureaux de location : « Comédie-Française. Soirée d'abonnements A. Coupons roses.

17

Bureau à 19 h 30. Rideau à 20 h 30. Marion Delorme, *drame en cinq actes, en vers, de Victor Hugo. Jacques Fenoux : un seigneur. Albert-Lambert : Didier. Chambreuil : La voix du Cardinal. » Je savais par cœur chaque distribution, jusqu'aux petits rôles, jusqu'aux utilités, jusqu'aux élèves du Conservatoire : « Monsieur Jean Weber, un duelliste; Monsieur Marchat, un bourreau; Monsieur Donneau, un ivrogne. » Même ivre, Monsieur Donneau me semblait plus digne d'amour que Douglas Fairbanks dans* Le signe de Zorro. *Il y avait les rectangles bleus du théâtre Sarah Bernhardt annonçant Vera Sergine dans* La Princesse lointaine; *les longs placards du Gymnase, avec ces noms de rêve : Gaby Morlay, Charles Boyer, Pierre Blanchar, les sourires emplumés de Mistinguett...*

Les colonnes Morris étaient pour moi les piliers de la sagesse. Aujourd'hui encore, j'ai conservé, en dépit des sarcasmes de mes amis, l'émerveillement dont fut marquée mon enfance, envers une affiche, un programme, le frémissement du rideau, le son rouge des trois coups...

Ceux d'entre nous qui s'identifient aux personnages qu'ils interprètent au point de ne pouvoir s'en départir, même dans leurs activités les plus éloignées de la scène, m'ont toujours inspiré un respect mêlé de désapprobation.

On connaît les incartades de cet acteur qui joua pendant quelques semaines Napoléon, et qui se conduisit comme Napoléon toute sa vie, qu'il prît le métro ou achetât une boîte de sardines. Une main dans la poche de son gilet, il pinçait l'oreille de l'épicier ou du facteur. Il leur décrivait sa stratégie à Austerlitz et leur décernait la Légion d'Honneur.

J'eus la chance, à mes débuts, d'être Britannicus aux côtés de Mme Delvair, illustre tragédienne de la Comédie-Française. Elle jouait Agrippine, un de ses rôles favoris, et avait fini par s'identifier à cette impératrice en toutes circonstances. A une répétition, comme elle montait péniblement un escalier, je la pris sous le bras pour l'aider. Elle me regarda avec stupeur :

« Mon cher petit, sachez que moi, Jeanne Delvair, je suis émue que vous ayez la gentillesse de me prendre le bras... »

Puis, soudain terrible : « Mais moi, Agrippine, je ne le tolérerai pas. »

La chance joue, dans notre métier, un rôle capital.

A quoi serviraient nos études, le Conservatoire, les cours privés, les exercices de diction, de respiration, de maintien, la connaissance des classiques, les cachetons de figurants, les tournées poussiéreuses?... A quoi serviraient tant d'espoirs et de rêves, tant de démarches, tant de ferveur, si la chance ne nous plaçait pas, un jour, sur la route d'un metteur en scène qui, à cette minute précise, recherchait un comédien qui correspondît à notre aspect? Cette minute précise où la Fortune, les yeux plus perçants d'être bandés, nous guettait... L'important, c'est de s'ouvrir à la chance... de se préparer pour le jour où elle nous appellera. Il ne faut pas la faire attendre. Elle est pressée. Il ne faut pas discuter avec elle, elle est d'humeur changeante.

Newton passe des années à tenter de comprendre les lois de la pesanteur. En vain. Et puis, un beau jour, une pomme lui tombe sur le nez... Qui se souviendrait de lui, s'il ne s'était pas assis sous un arbre fruitier?

Christophe Colomb part découvrir les Indes. Et c'est l'Amérique qu'il trouve sur son chemin... Pour un peu, il aurait fait demi-tour sans y mettre les pieds. « Je n'ai pas de temps à perdre », avait-il coutume de dire.

Un jour que Vivien Leigh et moi répétions Tovarich * à Broadway et que nous venions de voir les girls et les boys exécuter un de leurs numéros, Herbert Ross, qui était alors notre chorégraphe, nous demanda :

* Note de l'éditeur : comédie musicale tirée de la pièce de Jacques Deval.

– Qu'est-ce qu'il y a? Vous avez l'air effondrés...

– Il y a de quoi, répondit Vivien, au bord des larmes, te rends-tu compte de la beauté, de la jeunesse, de la grâce de tous ces garçons et filles? Ils dansent et chantent comme des anges... Et c'est nous qui sommes les vedettes de ce spectacle! Et nous ne savons rien faire, sinon jouer la comédie... et encore!

– Et tout ce que vous apportez, ça ne compte pas? s'écria-t-il, indigné.

– Nous apportons quoi, sinon nos maladresses à exécuter le moindre pas, nos voix éraillées?....

– Ah! si seulement vous vous rendiez compte de ce que vous représentez pour ces gosses... Vous leur offrez tout ce qu'ils n'auront jamais... l'éclat, l'élégance... Et ce qu'ils n'ont pas encore : un passé... Toi, Vivien, tu es auréolée de tous les rôles de Shakespeare que tu as joués. A leurs yeux, tu es Juliette et Desdémone, Ophélie et Portia... Toi, Jean-Pierre, tu draines dans tes veines des gouttes du sang de Charlemagne et de Victor Hugo, quelques pierres de l'arc de triomphe, quelques rivets de la tour Eiffel... Vous chantez moins bien qu'eux, soit. Vous dansez moins bien qu'eux, soit. Mais il émane de vous tant de choses...

– Quoi donc?

– Des impondérables...

– Qu'est-ce que c'est?

– Je n'en sais rien. Personne n'en sait rien. Mais c'est de ça qu'est fait le théâtre.

Que d'acteurs ont connu une gloire éphémère, alors qu'ils n'avaient guère de talent. Et se sont trouvés abandonnés au moment précis où ils commençaient à en avoir. Leurs études portaient enfin des fruits, leur technique s'était perfectionnée, cet « accouchement » qui permet aux comédiens de donner vie aux émotions qu'ils ressentent, avait lieu sans forceps. Ils avaient progressé. Ils jouaient bien et le savaient. Mais... mais la magie n'opérait plus. La « présence » n'accrochait plus. Le pouvoir d'attirer les regards et d'enchaîner les cœurs avait, peu à peu, mystérieusement, cruellement, dispa-

ru. Ce qui était jadis un charme inconscient était devenu une séduction calculée, voulue, agressive. Il fallait lutter... Contrairement à ce que l'on enseigne aux enfants, dans cette étrange entreprise qui consiste à faire rire ou à faire pleurer, le succès ne va pas toujours à ceux qui luttent.

Bien jouer n'a rien à voir avec notre volonté, sinon nous serions toujours à notre mieux. Imagine-t-on un acteur arrivant au théâtre et décidant : « Ce soir, je jouerai mal »? Parfois, nous avons dans la salle quelqu'un devant qui nous souhaiterions briller, et nous n'y parvenons pas. Nous nous sentons lourds. Ou absents. Nous ramons à contresens. D'autres soirs, l'inspiration nous porte, nous sommes rapides, spontanés, nous donnons l'impression d'inventer nos répliques. Nous nous amusons de notre aventure comme si nous la vivions pour la première fois...

Les quelques minutes qui précèdent le lever du rideau, un soir de générale sont les plus émouvantes, et les plus effrayantes, qu'un acteur puisse ressentir. Ceux d'entre nous qui ont des nerfs d'acier, l'expérience et le crédit, sont ceux dont le cœur bat le plus vite. Dieu merci, dès que nous entrons en scène, la plupart du temps le trac s'évanouit... mais avant...
Pour conjurer cette peur, cette panique, chacun s'adonne à des trucs différents. Les uns prient, les autres touchent du bois. Personnellement, j'essaie de me persuader que cet événement n'a pas la moindre importance. « La terre ne cessera pas de tourner, que je sois bon ou mauvais! » Je pense à mes enfants – et cela redouble mon trac – je pense à la guerre, et à ceux de mes copains qui y sont restés. « J'ai eu la veine de m'en sortir. Alors? Qu'est-ce que ça peut foutre, si je bafouille? » J'essaie de me convaincre que les articles qui paraîtront le lendemain ne changeront pas le cours des planètes. Je me serine : « Si les critiques sont mauvaises

pour toi, au lieu de penser à tous ceux qui les liront, pense à tous ceux qui ne les liront pas. Pense aux millions de Chinois, d'Hindous et de Lapons qui ne liront jamais l'article de Marcabru... » Hélas! je n'arrive pas à m'émouvoir sur le manque d'information des Chinois et des Hindous. Moins encore des Lapons. Même plus près de nous, pauvre idiot, crois-tu que les Tyroliens vont s'arracher l'article de Chalais, les ouvriers de Birmingham abandonner leurs aciéries pour se repaître de Cournot, les toréadors d'Andalousie interrompre leur corrida pour savoir ce que Jacqueline Cartier a pensé de toi?... »
Hélas, tout cela ne sert de rien!

L'acteur et le spectateur, dès la minute où ils entrent au théâtre, deviennent des frères, des complices, des amants... Ils jouent leurs rôles en même temps, communient dans le même temple, les uns pour raconter, les autres pour écouter la même histoire... Ils réagissent les uns par rapport aux autres, sensibles aux mêmes faits, au même climat... Ils forment un tout, unis, plutôt que séparés, par la rampe.

En revanche, le spectateur et l'actrice de cinéma sont deux étrangers. Ils ne se voient pas, ne se flairent pas, ne réagissent pas en fonction l'un de l'autre, ne connaissent pas les mêmes émotions, ne parlent pas le même langage. Quand un fan, sortant de voir l'un de nos films, nous accoste, il s'agit pour lui d'un souvenir récent, pour nous d'une aventure depuis longtemps oubliée. Entrant dans une salle de cinéma, six mois après avoir terminé son film, la star entend des rires là où il ne faudrait pas : « Merde! J'aurais dû jouer différemment... » Impuissante, la voilà en larmes devant son image. Image glacée, insensible, immuable, inéluctable...

Parvenue au faîte, la star se sent en proie au doute. « Pourvu que ça dure », lui souffle Letizia Bonaparte. Les magazines la portent aux nues, son agent prétend crouler sous les propositions. Que faire? Tourner un film de plus, ou se reposer? Ne pas monopoliser les écrans, ou jouer ce rôle sans enthousiasme, afin qu'une rivale ne s'en saisisse pas.

Pour les plus purs, comment résister? Tantôt, c'est le sujet qui les attire, tantôt le personnage qui leur paraît séduisant. Tantôt, c'est le prestige du metteur en scène ou de leur partenaire. Tantôt le cachet qu'on leur offre. Le sentiment d'avoir obtenu d'un producteur coriace X millions de francs, le sentiment de les valoir, chatouille leur fierté. Et pourquoi pas? Tant d'hommes se grisent de satisfactions moins probantes. Ne pas tourner trop souvent? On va croire que nous sommes oubliés. Mais tourner trop souvent comporte des périls... Coluche connut un triomphe mérité avec Tchao Pantin. *Pas un des films qu'il fit par la suite ne furent des succès. Eût-il mieux fait de s'abstenir?*

Si nombre d'actrices de talent ne sont pas, n'ont jamais été, ne seront jamais des stars... combien de stars ne sont pas des actrices!

J'en connais qui croulent sous les Oscars, mais qui n'appartiennent pas à la «roulotte». La poussière, la sueur, le trac, la folie, l'imprévu, le doute, l'odeur des coulisses, l'esprit d'équipe leur sont étrangers. Cette panique le soir de la générale... Cet effroi devant une salle à moitié vide... Ce désarroi à la dernière représentation... Ce rideau, qui descend comme une guillotine, se relèvera-t-il jamais? Ai-je passé, non pas le temps d'aimer, mais le temps où l'on me désirait?

L'actrice qui ne joue pas devient un poisson hors de l'eau. Elle est perdue... Fait-elle aussi du cinéma, elle aura beau savoir que son image est projetée aux antipodes, elle préférera jouer dans une grange pour cinquante spectateurs, mais jouer... ne pas rester cet être devenu — à ses yeux — inutile...

Que de fois des jeunes me demandent, comme ils le demandent à beaucoup d'autres : «Que faut-il pour devenir une star?» Ce à quoi je réponds :

« On ne devient pas une star. On l'est, ou on ne l'est pas. »

Ou plutôt, on « naît » star, comme on naît chinois ou NORVÉGIEN, avec le don des mathématiques, ou avec les yeux bleus. C'est une grâce que l'on reçoit en partage à son insu. Il y faut quelque disposition du cœur... J'ai connu des périodes où j'étais une « star » aux yeux des producteurs, et où je ne me sentais pas, en moi-même, une star pour deux sous! A d'autres périodes, je ne valais pas un clou pour les producteurs, et je me sentais une star. Pourquoi? Je ne sais pas... Parce que j'étais amoureux, peut-être... Parce qu'il faisait beau...

Au fait, une star, qu'est-ce?

Un être qui a plus de talent que les autres? Un homme plus séduisant que la plupart de ses contemporains? Une femme plus belle que ses rivales?

Vivien Leigh, par exemple. A l'écran, cette radieuse beauté, sertie dans les traits les plus purs, cette vivacité qui donna tant de prix à Scarlet O'Hara, ce désarroi qui nous bouleversa dans Street Car Named Desire *ou dans* Ship of Fools *la mirent, à juste titre, au premier rang. Mais au théâtre, sur des tréteaux où l'on ne peut tricher, elle n'égala jamais ni Laurence Olivier, qui fut son mari, son partenaire et son metteur en scène, ni les actrices shakespeariennes de sa génération.*

Elle était, en scène, trop mécanique, et j'en sais quelque chose pour avoir joué Tovarich *près de 500 fois à ses côtés. Elle avait décidé, dès la première répétition, de dire telle phrase de telle façon, et rien ne pouvait modifier son intonation, le décor dût-il s'écrouler!*

Mais... mais il lui suffisait d'apparaître, il lui suffisait de marcher, avec cette grâce royale, pour enchaîner les cœurs... On se laissait aller, heureux d'être captif de ses sortilèges... Elle rayonnait... Elle avait ce « quelque chose en plus » qui n'est octroyé par les Dieux qu'à bon escient...

Elle était une STAR.

Première partie

LA STAR

Parmi les nombreuses actrices (françaises, anglaises, américaines, italiennes, espagnoles) avec qui il m'a été donné de jouer la comédie, il y en a une dont la beauté, le caractère, le talent, et – plus encore – le destin, m'ont particulièrement touché. Je l'appellerai Nora. Nora Graziani. Quand je l'ai connue, elle avait cinquante ans. C'est un âge pulpeux pour une femme dotée, comme la plupart d'entre elles, d'un mari, d'un amant, et de trois enfants. C'est un âge difficile pour une actrice, qui a débuté à seize ans, et est devenue star à dix-huit ans...

C'est aussi l'âge où la sagesse devrait commander de rester dans son pays au lieu de courir, comme elle le fit, à la conquête de Hollywood. Là, entourée de plus de palmiers que d'admirateurs, elle avait dû convenir que le handicap de son accent, aggravé par l'apparition de quelques rides plus perceptibles sous le soleil californien que dans nos régions empreintes de clémence, avait limité son succès. Elle avait tourné, sans enthousiasme, trois films indignes de toute cinémathèque, et puis elle s'était décidée à rentrer à Paris.

Cela faisait cinq ans qu'on ne l'y avait vue...

Elle fut surprise de ne trouver aucun photographe à sa descente d'avion. Pas même Paulette, son agent, qui avait laissé aux hôtesses un message pour s'excuser : « Impossible trouver taxi. » Elle attendit ses bagages.

Toujours pas de photographes. Un gros Américain, en bermudas, lui demanda de signer un bout de papier moite. Un seul fan... La Graziani était habituée à mieux! Elle pria le porteur de lui trouver une limousine.

— Vous plaisantez, ma petite dame, ou alors vous n'êtes pas au courant...

— De quoi?

— Il y a des bagarres dans tout Paris...

Non, Nora n'était pas au courant. Elle avait parcouru les journaux dans l'avion, mais n'avait guère prêté attention à ces histoires de grèves et de revendications qui lui étaient parfaitement étrangères. Son domaine était le théâtre. Qu'Edwige Feuillère joue *Léocadia* l'avait frappée davantage que les cortèges de la C.G.T. De toute façon, elle ne voyait pas très bien le rapport entre ces manifestations et l'absence de tout photographe à son arrivée. Semblable en cela au de Gaulle de 68, la situation lui échappait. Il lui faudrait, dans son Colombey personnel, se livrer à quelque pénible examen de conscience...

Elle reprit lentement contact avec ses amis, elle donna des coups de téléphone faussement enjoués aux metteurs en scène, aux auteurs, aux producteurs qu'elle connaissait. Elle assaillit Paulette, son agent.

— Je suis rentrée pour travailler. J'ai refusé des contrats en Amérique.

— Il ne fallait pas, ma chérie...

— Paris me manquait à en crever. C'est aussi simple que ça. Agite-toi, Paulette, et trouve-moi une belle pièce, un grand film...

Paulette demeurait évasive. Elle avait essayé de placer Nora, pour s'entendre répondre : « La Graziani... bien sûr... mais enfin, depuis le temps... Son talent?... Un peu démodé, non? »

L'évidence frappait Nora comme une gifle : tout le monde se foutait éperdument que la Graziani fût de retour... Trève de soupirs! Il fallait se faire belle, se montrer, prouver qu'elle existait encore. Il fallait hanter les couturiers, les coiffeurs, les théâtres et les restaurants. Il fallait être brillante, drôle, neuve... Beau programme, difficile à réaliser! Un « Tiens, vous voilà! » indifférent, détruisait d'un seul coup ses velléités. Un « Quels sont vos projets? » la torturait. Elle masquait son supplice d'un sourire plein de mystère qui ne trompait personne : « Ces idiots ne savent-ils donc pas qu'il ne faut jamais poser ce genre de questions? Ou bien nous travaillons, et cela nous vexe qu'ils ne le sachent pas. Ou nous avons des projets, mais, par superstition, nous refusons d'en parler. Ou nous sommes sur le sable, et cela nous agace d'en convenir. »

Elle en arrivait à ne plus sortir, de peur de ne pas être reconnue.

Hélas, Paulette se contentait de coups de téléphone vagues :

– Ah! si tu savais comme tout a changé... nous vivons une triste époque... Tu aurais mieux fait de rester à Hollywood à gagner des milliards en te prélassant au bord de ta piscine...

Au début, Nora précisait qu'elle n'avait pas de piscine. Mais elle se rendit compte qu'aux yeux des Parisiens, ne pas avoir de piscine à Hollywood équivalait à habiter un deux-pièces sans eau au Kremlin-Bicêtre!

Un jour qu'elle se sentit en forme, Nora décida d'attaquer. Altière, dans un tailleur de Chanel, elle fit son entrée dans les bureaux de son agent. Paulette était une femme de soixante ans, énergique et volubile. Elle aimait Nora, mais elle savait bien que si l'un de ses poulains se dérangeait, c'était pour lui exposer ses doléances. Il s'agissait de prendre les devants... Nora commit l'imprudence de lui demander : « Comment vas-tu? » Fatale erreur! Il ne faut jamais demander aux gens comment ils vont. Ils ont – hélas! – tendance à vous répondre. Paulette sauta sur l'occasion :

– Ah! ma chérie, tu ne peux pas savoir par où je suis passée... Figure-toi que j'ai attrapé froid... Oui, comme n'importe quelle imbécile... Eh bien, on n'a pas encore inventé de remède pour les rhumes... De nos jours, on guérit la tuberculose, les infarctus et le reste... Mais, pour un rhume, il n'y a rien à faire...

Nora acquiesça, puis elle se raidit dans son fauteuil,

prête à engager la bataille. Mais l'autre poursuivit :

– Te rends-tu compte de ce que c'est que d'éternuer à tout propos ? Ce con de docteur m'avait donné des pilules anti-allergiques... Ah ! ces pilules... Ou tu as envie de faire pipi toutes les cinq minutes, ou tu t'endors. Moi qui suis obligée de parler à des producteurs à longueur de journée...

Nora estima que le moment était venu d'amener la conversation vers son but :

– A propos de producteurs, je venais...

– ... Mon pauvre Michel n'en pouvait plus. Chaque fois qu'il ouvrait la bouche, j'éternuais. C'est pas gai, tu sais, quand on a été mariés depuis vingt-sept ans... non, pas vingt-sept, qu'est-ce que je raconte ? Vingt-six... Pourquoi est-ce que je cherche toujours à me vieillir ?... A propos, tu as douze ans... Tu t'es fait faire quelque chose ?

– Pas encore. Mais si, pour ma carrière, tu crois...

– Mais non, tu peux très bien attendre encore un an ou deux... Où en étais-je ? Ah oui ! Je me suis donc fait hospitaliser à l'Hôpital Américain. Ils m'ont gardée deux semaines. Finalement, le grand patron est arrivé. Il a décrété que je n'étais pas allergique au pollen, au nylon, aux microbes ou à la poussière ; j'étais allergique à mon mari. J'ai donc quitté l'hôpital en claquant la porte, et me voilà de retour à mon bureau...

– J'en suis heureuse. Tu vas enfin pouvoir t'occuper...

– Oh ! Mais je n'ai jamais arrêté. J'en ai profité pour lire des tas de scripts. Sais-tu comment j'y arrivais ? D'une main, je tournais les pages, de l'autre, toutes les trente secondes, j'empoignais un kleenex...

– Parmi les scripts que tu as lus...

– Me voilà donc... Je ne dirai pas guérie, il ne faut pas exagérer. Mais... (elle éternua). Excuse-moi.

Elle ouvrit un tiroir, en sortit une petite fiole, renversa la tête et laissa couler quelques gouttes dans chacune de ses narines. Avant de ranger la fiole, elle en offrit à Nora.

– Tu en veux ?

– Non merci.

– Juste une goutte.

– Jamais dans la journée.

– Tu as tort.

Elle se leva, fit le tour de son bureau, s'empara de la tête de Nora et lui aspergea les narines.

Nora se laissa faire, pensant qu'il y a des sacrifices nécessaires. Paulette se rassit.

– Est-ce que tu ne te sens pas une autre femme?

– Je ne tiens pas spécialement à me sentir une autre femme.

– Est-elle drôle! Sais-tu, ma Nora, que tu es l'un des êtres les plus drôles que je connaisse? Quand on pense à tous les rôles dramatiques qu'on t'a fait jouer! Dans la vie, tu peux être d'un comique irrésistible. Je n'arrête pas de le dire aux producteurs : « Nora est capable de jouer des personnages d'une fantaisie débridée... »

– Je suis heureuse, fit Nora, mi-figue mi-raisin, que tu parles de moi à des producteurs...

– Tout le temps, tout le temps...

– Car j'ai décidé de changer d'emploi.

– Ah! (c'était un cri) Ah! C'est incroyable!...

– Je ne vois pas...

– Exactement les mêmes mots que cette pauvre Mimi... (Mimi était une actrice sous contrat avec la même agence.)

– Bravo! Nous sommes donc au moins deux qui souhaitons modifier notre image. En ce qui me concerne...

– Tu ne peux pas imaginer ce que Mimi me fait voir... Tu te rappelles que sa dernière pièce n'a pas rempli un strapontin... Je lui avais dit et répété de ne pas y toucher, mais elle est têtue comme une mule... Elle voulait jouer quelque chose d'avant-garde... Comme si ça existait, l'avant-garde!... Ce n'est pas tout. Tu te souviens qu'elle a abandonné son mari et ses deux enfants pour s'envoyer en l'air avec... Pas de noms, surtout pas de noms... Bien entendu, après quinze jours de passion, il en a eu marre. Elle s'est retrouvée à la rue... Que crois-tu qu'elle ait fait? Je te le donne en mille...

– Je m'en fous! (Nora n'en pouvait plus.) Je ne suis pas venue ici pour discuter de la vie privée de Mimi, mais pour...

– Elle est retournée dans le giron de son mari. Faut le faire, non? C'est un brave homme, mais il a tout de même sa dignité. Il lui a claqué sa porte au nez. Elle s'est retrouvée à la rue...

– Elle devait commencer à en avoir l'habitude!

– Superbe! se convulsa Paulette. Tu es superbe. Personne au monde ne pige aussi vite que toi... Attends la suite... Comme si ça ne suffisait pas d'avoir perdu son amant, son mari et ses enfants, Mimi a reçu hier une lettre du percepteur l'intimant de payer trois millions d'impôts en retard. Tu imagines dans quel état elle est!

– Pour la dernière fois...

– Ah! ma Nora, quelle chance tu as! Pas de problèmes, pas de soucis... Tout le monde t'aime... Tu es reçue partout à bras ouverts, tandis que moi...

– Si jamais tu as besoin d'un agent, appelle-moi...

Paulette ignora l'insolente remarque. Elle raccompagna Nora jusqu'au palier, l'étreignit, et rentra dans son bureau.

Tout en descendant l'escalier, Nora se jurait de changer, non d'emploi, mais d'agent. D'en bas, elle entendit Paulette glapir :

« Mary-Lou, apportez-moi un kleenex. » Il y eut un éternuement, puis la voix reprit : « Vous avez vu la mine de Nora? C'est bien simple, elle faisait peur!... Alors, ce kleenex? »

Nora n'était pas sans savoir qu'il y aurait dans la prochaine pièce de A. un rôle idéal pour une femme de son emploi. Elle connaissait A. depuis toujours. Ils avaient le même âge et avaient débuté ensemble au Conservatoire. Petit, malingre, timide et sans un sou, A. lui avait fait la cour. Elle avait refusé de coucher avec lui. Comment aurait-elle pu imaginer que cet acteur raté, ce gringalet famélique, deviendrait, vingt ans plus tard, le plus grand dramaturge français? Certes, entre temps, ils s'étaient revus. Ou plutôt aperçus. Brèves rencontres de deux camarades qui, une fois les souvenirs en commun ressassés, n'ont plus grand-chose à se dire. Elle avait volé vers une gloire tapageuse. Il s'était enfermé dans une tour d'ivoire, un laboratoire à la mystérieuse alchimie, où ses haines et ses peurs se muaient en féroces satires.

Quand ils se rencontraient, A. constatait, non sans une perverse satisfaction, que Nora avait perdu la fraîcheur dont il était tombé amoureux. Nora constatait, non sans envie, qu'en vieillissant, A. s'améliorait. Sa maigreur devenait sveltesse, sa maladresse un charme, sa myopie une façon troublante de regarder les femmes. Le succès a des façons souveraines de guérir les myopies, les bégaiements et les claudications.

« Comme j'ai été stupide », soupirait Nora. « Nous aurions pu nous marier. Aujourd'hui, c'est pour moi qu'il écrirait. » Elle haussait les épaules. « Bah! Je n'ai jamais fait que ce qui me plaisait. Je ne vais pas me mettre à le regretter! »

Elle tentait de se persuader qu'en fin de compte c'est à elle qu'il offrirait le rôle. Il était l'un des rares hommes à qui elle ne pouvait cacher son âge, mais son apparence était parfaite pour le personnage. Une femme, mariée depuis vingt ans et abandonnée par son mari, qui – mieux que la Graziani – pouvait jouer ce rôle?

Les journaux, de temps en temps, annonçaient que telle ou telle autre actrice était envisagée par l'auteur. C'était chaque fois pour Nora, un coup de poignard. « Dire que, quand je n'avais aucun talent, tout le monde courait après moi, et qu'aujourd'hui où j'ai du talent... » Elle appela Paulette.

– Fais ce que tu voudras. Il faut que tu m'obtiennes ce rôle.

– Tu penses bien que j'ai déjà essayé.

– Et alors?

– Alors, ils sont évasifs. Dux pense à Edwige. Quant à A., une fois de plus, il ne sait pas ce qu'il veut. Ou plutôt, il ne veut que ce qu'il ne peut pas avoir. Dès qu'une actrice est libre, elle ne l'intéresse plus. Même – et surtout – si elle est idéalement son personnage... Pourquoi ne t'adresses-tu pas à lui directement? Après tout, vous êtes de vieux copains. Il sera flatté que tu l'appelles. Tu sais bien que, si tu y mets le paquet, personne ne peut te résister...

Nora attendit jusqu'au 7 du mois – son chiffre porte-bonheur – pour appeler A.

– Que deviens-tu? On ne se voit jamais. C'est trop bête... Quand je pense qu'au début nous étions insépara-bles, tu te rappelles?... Quand es-tu libre?... Oh! je sais que tu as beaucoup de travail, mais j'aimerais t'avoir à déjeuner chez moi...

A. jouissait, vingt ans après, de son triomphe. Un moment, la pensée lui vint d'accepter... Il s'enverrait Nora entre la poire et le fromage. Il savait que, cette fois, elle ne le rejetterait pas. Hélas, il n'en avait plus envie. « Ce serait idiot de me forcer, uniquement pour prendre une revanche. » Il déclina l'invitation. Nora continuait :

– A propos, chéri, qu'est-ce que c'est que cette nou-velle pièce dont on parle déjà beaucoup?

– Une nouvelle pièce.

– Quelle fécondité! Te rends-tu compte que je n'ai jamais rien joué de toi? C'est vraiment trop bête...

Elle se forçait à la légèreté, mais sa voix sonnait faux. Démoniaque, A. laissait son ancienne camarade s'humilier sans lui tendre la moindre perche. Nora s'enlisa. Elle se sentait perdue. Mais elle s'était enferrée trop avant. Il n'y avait rien d'autre à faire qu'à poursuivre, sur un ton de plus en plus badin :

– Voyons les choses en face, mon chéri... Une pièce de A. jouée par la Graziani, ça ferait du bruit dans Landerneau... Et tu sais que, pour toi, j'abandonnerais n'importe quel contrat de cinéma... Je suis arrivée à une période de ma vie où j'ai envie de jouer de beaux textes... L'argent, la gloire, la publicité, tu me connais, ça n'a jamais rien signifié pour moi... Mais un beau rôle, écrit par toi, quelle classe!... Et puis, on s'amuserait bien, tu ne crois pas?

A. savourait chaque seconde. Il finit par répondre :

– J'avais pensé à toi... mais c'est impossible.

– Mais pourquoi?... pourquoi?

– Tu es trop belle, trop jeune...

Il y eut, à l'autre bout du fil, un petit rire d'oiseau blessé :

– Tu me vois toujours telle que j'étais quand tu m'as connue, mais j'ai changé, tu sais, j'ai beaucoup changé...

Il y eut un « Ah! » dont Nora ne put déchiffrer la signification.

– Pourquoi ne me laisserais-tu pas lire ta pièce? De toute façon, ça ne t'engage absolument à rien...

Il lui fit déposer le manuscrit, le lendemain.

– C'est un chef-d'œuvre, lui dit Nora quand elle le rappela, un chef-d'œuvre. Et le rôle est exactement pour moi... C'est à croire qu'inconsciemment, tu pensais à moi en l'écrivant...

– Qui est ton agent?

– Paulette. Mais, entre nous deux, il n'y a pas besoin

d'agents. Viens prendre un verre chez moi ce soir, et...
— Je parlerai à Paulette.

Huit jours passèrent. Nora faisait des prières. Elle allumait des chandelles devant le petit Bouddha de bois verni qui était sa mascotte. Enfin, Paulette appela.

— J'essaie de convaincre A. Il est intéressé, mais il hésite encore... Il m'a priée de te demander... Tu vas bien rire... (Quand Paulette disait : « Tu vas bien rire », Nora commençait à trembler.) Au premier abord, j'ai trouvé ça ridicule, mais, en y réfléchissant, c'est peut-être la sagesse...

— Mais quoi?... quoi?

— Eh bien, comme il s'agit d'un personnage très différent de ceux que tu as toujours joués, il voudrait que tu en lises une scène...

— Pour quoi faire?

— Pour la jouer devant lui.

Nora eut la force d'articuler, en martelant les syllabes :

— Tu veux dire que Monsieur A. demande à la Graziani de passer une audition?

— Il ne s'agit pas d'une audition, voyons...

— Comme un amateur, comme une débutante...

— Mais non...

— Pour voir si je sais me tenir en scène, si l'on m'entend du fond de la salle...

— Je te répète...

— Après tout ce que j'ai joué, après les recettes que j'ai faites, après les triomphes que j'ai remportés dans des œuvres autrement difficiles que celles de Monsieur A...

— Je te répète qu'il s'agit d'un genre de rôles que...

— J'aimerais mieux crever.

— C'est à prendre ou à laisser. Et si tu laisses tomber, il engagera Edwige.

Nora raccrocha. Elle se mit à tourner dans son appartement comme un fauve en cage : « Les salauds... Les salauds... » Elle se regarda dans la glace et y vit une mégère échevelée : « Ils sont tous jaloux de la Graziani! Ils ne savent pas ce dont elle est capable! Ce soir, je pars pour l'Angleterre! Je mets Londres dans ma poche! Dans huit jours, Monsieur A. se traînera à mes pieds... »

Une heure plus tard, elle l'appelait :

— Mon chéri, je suis en train d'apprendre ta scène. Quelle bonne idée tu as eue! C'est un emploi tout nouveau pour moi. Tu penses bien que je ne tiens pas à me tromper. Les critiques me guettent au tournant... Sans parler des bonnes petites copines qui seraient trop heureuses que je me casse la gueule... J'apprends la scène où son mari la plaque, ça te va? Je la jouerai pour toi tout seul. Ainsi, nous pourrons nous rendre compte si je suis bien ton personnage... C'est tellement différent... C'est d'ailleurs ce qui me passionne... C'est en quelque sorte un défi que je me lance... A nous de décider, ensemble, si nous devons ou non le relever... Tu me donnes bien deux ou trois jours, n'est-ce pas? Tu sais que j'apprends vite, mais enfin...

— Vendredi, deux heures, ça t'irait?

— Vendredi... Vendredi... Attends... Oui, j'avais un rendez-vous, mais je le remettrai... Mais pourquoi deux heures? Faisons ça en fin de journée. Tu viendras ici, nous bavarderons tranquillement, et puis...

— Vendredi deux heures, au théâtre Montparnasse.

— ... Mais bien sûr, tu as raison, une fois de plus... On se rendra mieux compte sur scène...

Elle ajouta, comme s'il s'agissait d'une aimable plaisanterie : « J'espère bien qu'il n'y aura que toi et moi... »

— Ne sois pas stupide, Nora. Il y aura le producteur et le metteur en scène. Moi, je ne suis que l'auteur, tu sais, je n'ai pas grand-chose à dire.

Nora fut sur le point de refuser, mais elle ne pouvait plus se le permettre.

— Bah! pourquoi pas? fit-elle, avec une feinte bonne humeur, ce sera passionnant d'échanger nos idées, de confronter nos points de vue... C'est la seule façon de faire du bon travail. J'ai, d'ailleurs, beaucoup d'estime pour Dux. Est-ce que tu as vu...

— A vendredi, deux heures.

C'est entre les mains des esthéticiennes, des masseuses et des coiffeurs que Nora apprit sa scène. Elle avait beau savoir qu'il ne fallait pas qu'elle parût plus jeune, ni qu'elle fût belle pour ce personnage de victime effacée, elle ne pouvait s'en empêcher... Elle essaya une dizaine de perruques, et se décida pour un postiche avec une mèche qui, sans la vieillir le moins du monde, lui donnait un aspect bourgeois, indispensable au personnage.

La veille de l'audition, Paulette vint chez elle. Elle paraissait enjouée, un peu trop enjouée.

– Le théâtre Montparnasse voudrait connaître tes conditions, au cas où l'audition... Je veux dire au cas où notre petite réunion de demain s'avérerait concluante.

– Mes conditions sont toujours les mêmes. Il n'y a qu'à recopier mon dernier contrat.

– Voyons, Nora, réfléchis. La jauge du Montparnasse est deux fois plus petite que...

– Ça ne change rien pour eux, puisque je joue au pourcentage.

– Ils sont d'accord sur le principe, mais pas sur le montant du pourcentage. D'abord, ils ne veulent pas entendre parler de la recette brute...

– C'est grotesque!

– Non, Nora, ce n'est pas grotesque. *La Dame* est dans le domaine public. La pièce de A. ne l'est pas... Pour une reprise, on utilise de vieux décors, dont les frais ont été amortis depuis longtemps. Pour la pièce de A., il faut partir de zéro... Et quand je dis zéro... Ça va coûter très cher à monter...

Nora demanda, glaciale :

– Tu es mon agent, ou celui de ces Messieurs?

– Je suis ton agent, et je suis ton amie. Et c'est pourquoi...

– Bref, ils offrent combien?

– Dix pour cent de la nette.

– Jamais, rugit Nora.

– Ils ne peuvent pas, raisonnablement, faire mieux.

– Jamais!

– C'est à prendre ou à laisser.

Pour la seconde fois, Nora recevait sur la nuque ce couperet. Elle ne put retenir ses larmes. Larmes de désespoir autant que de rage. Larmes de détresse. Paulette passa les mains sur les cheveux de Nora, tout doucement. Comment expliquer à cette femme comblée, habituée à tout obtenir sans effort, comment lui expliquer, sans trop lui faire de mal, que les temps changent, que d'autres étoiles sont apparues au firmament, que ses manières ont cessé d'enchanter, que son apparente jeunesse a cessé d'étonner, que son succès était dû à sa beauté plus qu'à son talent, que ses caprices, ses exigences ne sont plus de saison, qu'elle a reçu du Ciel trop de faveurs pour ne pas s'être fait d'ennemis... Comment lui expliquer que le moment est venu de payer?

– Ne pleure pas. Je veux que tu sois en forme demain. Je suis sûre que tu emporteras le rôle. Tu te souviens de ce que tu me disais : « Tout ce que je veux, je l'obtiens. » Tu seras à nouveau au sommet, et, à la prochaine création, c'est toi qui imposeras...

– Je suis fatiguée... fit Nora, tout bas, comme une petite fille malheureuse. Je suis fatiguée...

Le matin du grand jour, elle se réveilla d'humeur combative. Elle avait retrouvé sa fierté. Elle se sentait d'attaque pour triompher de cette audition. Elle ferait un tour au Bois, puis elle prendrait une de ces pilules vertes qui savent si bien épandre l'euphorie. Elle se répétait à mi-voix le dialogue de la scène qu'elle avait eue la coquetterie d'apprendre, bien qu'on lui ait seulement demandé de la lire. La femme de chambre apporta *Le Figaro*, avec le thé et les biscottes. Nora l'ouvrit à la page des spectacles. Un titre attira aussitôt son attention : « A. a finalement choisi l'interprète principale de sa prochaine pièce. Delphine X. a signé son contrat, hier soir, au théâtre Montparnasse. Interviewée alors qu'elle en sortait, Delphine X. nous a confié qu'il s'agissait du plus beau rôle de sa carrière... »

Partir en tournée... La voilà, la planche de salut! Les vedettes dont Paris s'est fatigué font encore recette en province. « Ah! Comme j'ai besoin de me retremper dans ce public vrai, simple, sensible qui vient au théâtre pour admirer et non pour critiquer... Ce sera mon bain de foule... » Elle s'imaginait déjà sur le tapis rouge des aéroports, aux balcons des hôtels de ville, protégée par un détachement de C.R.S., serrant les mains qu'on lui tendrait, tapotant la joue des enfants, portée du théâtre à l'hôtel, comme Sarah Bernhardt, sur les épaules d'étudiants qui dételaient les chevaux de sa calèche...

Elle oubliait qu'il n'y a plus de calèches, que les chevaux ont d'autres picotins à fourrager, et que, depuis Mai 68, les étudiants ne se passionnent plus pour les actrices.

Elle retourna chez Paulette pour décider d'une pièce. Pourquoi pas un classique? Pourquoi pas *Phèdre,* dans laquelle elle avait triomphé, jadis aux arènes de Nîmes?

— Non, objecta Paulette, tu n'en es pas encore à jouer les belles-mères coupables, du moins pas en tournée.

Elles passèrent en revue Shakespeare, Musset, Molière. *Le Misanthrope,* voilà une pièce! Mais il y a ce fameux vers qui fout tout par terre :

... et ce n'est pas le temps,
Madame, comme on sait, d'être prude à vingt ans.

40

Ah! Comme Molière avait été maladroit de préciser l'âge. Que d'admirables Célimènes il s'interdisait...

– Laisse-moi tâter les tourneurs, conclut Paulette, dans son jargon hardi.

Deux jours plus tard, Paulette l'appela : « Les tourneurs étaient enchantés à l'idée de promener la Graziani. » Ils proposaient *Amphytrion 38.* Giraudoux était redevenu à la mode...

Ils partirent, secoués dans un autocar, vers Strasbourg, leur première étape...

Amphitryon était joué par Jean-Marc Julian. Il était un peu âgé pour le rôle, mais comme Nora était un peu âgée pour Alcmène, l'harmonie de leur couple s'en trouvait rétablie.

Jean-Marc était ténébreux, dans ses propos comme dans son physique. Les midinettes le trouvaient d'une élégance suprême. Il ne leur prêtait guère attention, n'étant préoccupé que de son corps. Ce corps, il le bichonnait, le polissait, l'encensait. Il faisait rarement l'amour, estimant ce genre d'exercice dangereux pour le cœur et malsain pour les reins. Il transportait avec lui tout un arsenal : des haltères, des extenseurs, une lampe à rayons infrarouges, une barre fixe adaptable aux chambranles des portes les plus récalcitrantes. Il dormait avec des boules « Quiès », un bandeau sur les yeux, les pieds surélevés par deux oreillers. Dans les coulisses, il gonflait un matelas pneumatique où il s'étendait entre chaque scène. Il y gisait presque nu, afin de faire profiter ses camarades de la vue de ses pectoraux, de ses biceps, de ses triceps, de ses quadriceps, de la forme estompée de son sexe, renforcée, affirmait-on, de quelques épaisseurs de coton.

L'acteur qui jouait Jupiter était, comme il se doit, Olympien ; mais il avait la manie de parsemer la conversation de locutions étrangères : « Hello boys, bongiorno. Tonight, je ne sors pas avec vous. Niet. Alea jactum est. » (Il était moins doué pour le latin que pour les langues vivantes...)

Pour Mercure, la seule chose qui importait était la bouffe. Quelle que soit la situation, il rêvait d'escargots de Bourgogne, de bécasse flambée à la riche, de foie gras, de fumet d'écrevisses, ou encore – apothéose – de rognons flambés Baumanière. Le choix des fromages lui posait un problème. Allait-il s'adonner au Crottin de Chavignol ou au Banon de Provence?

– Take du camembert comme tout le monde et ne nous emmerde pas, tonnait Jupiter.

Le chauffeur du car, un maigre adolescent, se dopait à la cocaïne. Ce qui était son droit, mais mettait en danger la vie des vingt-huit personnes qu'il transportait. Tantôt il roulait à trente à l'heure, perdu dans quelque songe, tantôt il fonçait comme un dément, doublait en plein tournant, zigzaguait et brûlait les feux rouges. Jupiter rugissait : « That little con nous prend pour du bétail. Chauffeur, in the name of all my camarades dont je suis le doyen, je vous somme d'aller plus slowly. »

– Vous me les cassez, répondait le chauffeur, en glissant un peu de poudre blanche dans ses narines.

A chaque nouvelle ville, Nora ressentait un délicieux émoi. Elle ne vivait que pour la représentation – pas question de visiter les musées – et se rendait tôt dans sa loge. Au moment d'entrer en scène, elle murmurait une prière. Ou plutôt, elle la mâchonnait, car elle s'en servait, non seulement comme un appel à la clémence des Dieux, mais aussi comme exercice d'articulation. Elle secouait les mains en l'air – conseil d'une vieille habilleuse – pour faire affluer le sang aux pommettes. Elle avait remarqué qu'une réplique à la cantonade déclenchait les applaudissements. Le son de la voix, plus que la présence, assurait une « entrée ». Au début de sa carrière, elle lançait les premières répliques trop rapidement. Mais aujourd'hui, elle savait les poser, les distiller, quelle que soit la situation. Au diable l'auteur et le personnage!

Quant aux « rappels », à la fin de la pièce, elle avait appris au cours de sa longue carrière, à en faire un petit chef-d'œuvre. Elle saluait d'abord entourée de tous ses partenaires. Au deuxième rappel elle n'en gardait que les trois principaux. Au troisième, elle entrait par le fond, accompagnée de Jupiter, à qui elle murmurait :« Tirez-moi, comme si je résistais. »

Pour les rappels suivants, elle entrait seule. Elle s'arrêtait après quelques pas, comme surprise par l'ampleur des applaudissements. Elle rougissait, baissait les yeux. Puis elle s'avançait très lentement vers la rampe, en ayant l'air de dire : « C'est pour moi, ces mains qui battent, ces regards admiratifs, ces bravos? Mais qu'ai-je fait pour mériter une telle récompense? » Elle essuyait une larme, écartait les bras comme pour prendre le ciel à témoin de sa confusion. Elle esquissait un vague signe de croix et s'abîmait dans une révérence. Le rideau tombait lentement, cependant qu'elle soupirait à la cantonnade : « Comme ils m'aiment... »

— Vous avez été voir le Manneken Pis, chère grande amie?

— Je me fous du Manneken Pis. Où sont mes affiches? Comment voulez-vous que les gens se dérangent pour voir la Graziani, s'ils ne savent pas que la Graziani est dans leurs murs?

C'est ainsi que Nora accueillit le directeur du Théâtre du Parc à Bruxelles, venu – l'imprudent! – lui présenter ses hommages.

— Mais si, chère grande Madame, nous avons eu des placards dans les journaux, toute la semaine. Quant aux trois cents affiches...

— Alors comment expliquez-vous que la salle soit à moitié vide?

— Le temps, Madame.

— Le temps?

— Il fait trop chaud... Les gens ne vont pas au théâtre quand il fait chaud.

— Il n'y vont pas non plus quand il fait froid. Alors, quand y vont-ils?

Elle congédia le directeur et poursuivit son maquillage. Ce soir, elle n'ajouterait pas de faux cils. Elle avait décidé, une fois pour toutes, de ne se coller de faux cils que si la salle était pleine.

Les fans étaient toujours là, à la sortie du théâtre, mais c'est surtout vers Jean-Marc qu'ils se précipitaient. Jean-Marc signait les programmes, puis d'une main qu'il s'efforçait de n'être pas trop miséricordieuse, il tendait à Nora son stylo à bille.

Nora faisait durer la séance.

– Comment vous appelez-vous, chère petite?

– Denise Tournis.

– Oh! quel joli nom... Et d'où êtes-vous?... Et que faites-vous?... Manutentionnaire... Comme c'est intéressant!

Elle s'appliquait : « Pour Denise Tournis, la plus charmante des manutentionnaires, avec tous mes vœux de bonheur. »

C'était un vieux truc, qui lui avait réussi, jadis, à New York. Quand sur Fifth Avenue, quatre ou cinq excités lui demandaient un autographe, elle prenait son temps. Peu à peu, des badauds s'arrêtaient, un groupe se formait, envahissant la chaussée, les voitures ralentissaient, la circulation était interrompue... Nora était heureuse. Mais à Béziers, elle avait beau faire traîner en longueur la signature de quelques bouts de papier, aucun attroupement ne se formait.

Au restaurant, Nora avait été habituée aux regards admiratifs, aux sourires. On la dévisageait encore, mais avec plus de curiosité que d'émoi. Au buffet de la gare de Metz, une grosse dondon la suivit des yeux et s'écria : « J'la croyais morte depuis longtemps, celle-là! » Son mari lui ayant donné un coup de coude pour la faire taire, elle s'approcha de Nora et lui dit avec un bon sourire : « Ça fait quand même plaisir que vous soyez encore des nôtres. »

A Luxembourg, pas d'applaudissements à son entrée. Elle eut beau attendre, taper sournoisement du talon, agiter les mains comme des sémaphores rien n'y fit... « Les salauds!... Après tout ce que je fais pour eux... Voilà bien les tournées! On se lève à l'aube, on se crève, on se passe de dîner, on se fait belle pour leur plaire... et pas d'entrée! Aucun respect pour l'Art! »

Deux jours plus tard, à Genève, elle eut son entrée. Elle invita *ses chers petits* à souper.

— J'ai toujours pensé que les Suisses étaient des gens très fins, très cultivés... Sous leur réserve, se cachent des trésors de sensibilité...

— I'll take une choucroute, interrompit Jupiter.

Nora l'ignora :

— D'ailleurs , Voltaire ne s'y était pas trompé. Pourquoi pensez-vous qu'il se soit installé à Ferney? Parce qu'il savait trouver chez nos amis Helvètes une ironie à fleur de peau, une connivence avec son propre esprit. Il n'était pas fou, Voltaire...

Le père noble leva un doigt :

— Belle Nora, vous avez raison. Voltaire was no fou.

L'ennui, après deux mois de tournée, commençait à pointer son nez mou. Et l'impatience, l'irritation, une lassitude hostile. Les places dans le car faisaient l'objet de disputes quotidiennes. Car si Nora s'était vu octroyer l'arrière de la voiture transformé en boudoir, les autres avaient été conviés à poser leurs fesses au hasard.

Peu à peu, des clans s'étaient formés dans la troupe, dont elle était exclue. Un soir, n'en pouvant plus de solitude, elle s'humilia à demander à *ses chers petits* : « Qu'est-ce que vous faites? On va souper? » Amphitryon s'absorba dans le démaquillage de ses fausses lèvres. Léda minauda : « Malheureusement, nous sommes pris ».

Quoi? Qu'y avait-il? Ils la trouvaient trop vieille? Elle appréciait la solitude quand c'était elle qui la souhaitait, de même qu'elle appréciait que ses camarades la tutoient, à condition que ce soit elle qui les y invite. Cette fois, la solitude lui était imposée. Elle avait passé trop rapidement du rôle de mécène à celui de parasite. Elle avait trop l'habitude et le goût de prodiguer, pour ne pas souffrir d'avoir à quémander. Un pur sang n'est pas fait pour devenir la cinquième roue du carrosse. Trente ans plus tôt, c'était elle qui formait son clan avec les « beautiful people » de la troupe, et qui en écartait cruellement ceux qui avaient commis le crime de ne plus être jeunes.

Ils étaient arrivés au Maroc, ultime étape de la tournée.

A Rabat, Nora accepta de parler à la radio. Elle reçut dans sa loge un petit jeune homme boutonneux. Un débutant, visiblement. Il enclencha son magnétophone et avança, entre eux deux, un micro qui tremblait.

— C'est bien à Madame Garzani que j'ai l'honneur...

— Non.

— Je veux dire...

— Vous voulez dire : Graziani.

— Excusez-moi...

— Mais vos auditeurs auront rectifié d'eux-mêmes. (Un rire perlé.)

— Je n'étais pas sûr... n'est-ce pas...

Décidément Nora aurait besoin de beaucoup d'indulgence.

— En tant que vedette de ce spectacle...

— Non, non. Ici, il n'y a pas de vedettes. Seulement une bande de camarades, tous égaux, qui s'amusent comme des fous. S'il devait y avoir des vedettes, je souhaiterais que ce fussent mes partenaires... Tant de talent... Les chers petits...

— Nos auditeurs aimeraient connaître votre opinion sur le théâtre contemporain.

— Contemporain?... Mais il se porte à merveille... A merveille, tout simplement : Ionesco, Beckett, Duras — elle s'en tenait à des valeurs sûres — nous assistons à une véritable renaissance...

— Alors comment se fait-il que vous jouiez une pièce aussi démodée?

Nora reçut la gifle sans broncher.

— Vous connaissez la formule de Cocteau : « Rien ne se

démode plus vite que la mode ». Cher Jean... (Elle avait toujours prêtes quelques formules de Cocteau qui pouvaient servir tant bien que mal à combler les vides, quand elle se trouvait prise de court.) Dieu sait que j'apprécie l'avant-garde, et que je l'aide de mon mieux... Mais la Graziani se doit à son public...

Ça ne voulait rien dire. Le jeune homme boutonneux continua :

— Je me suis mal exprimé...

— Aucune importance.

— Je voulais dire : pourquoi ne jouez-vous pas une pièce plus abstraite, avec un message ?

— Parce que vous ne viendriez pas la voir.

Touché ! Le jeune homme gratta, d'une main sale, un de ses boutons.

— Pourquoi vous ne faites plus de cinéma ?

Ah ! comme elle le haïssait !

— Mais voyons, cher ami, parce qu'on ne tourne plus que des œuvres dégradantes. Quand le cinéma sera redevenu ce qu'il était, je recommencerai à tourner.

— Mais alors, vous ne pensez pas à la retraite ?

Un temps terrible. Le jeune homme comprit qu'il avait gaffé :

— Je veux dire : pas tout de suite, bien sûr, mais un jour, éventuellement... Qu'est-ce que vous ferez à ce moment-là ?...

— Je me consacrerai aux enfants handicapés.

— Ah ! fit-il, surpris.

— Oui. (Elle n'était pas mécontente de sa réponse.)

— Une dernière question...

Elle siffla entre ses dents : « Je l'espère. »

— Est-ce qu'il ne vous arrive pas d'être un peu jalouse... enfin... un peu envieuse des jeunes actrices qui ont, en ce moment, plus de succès que vous ?

Comme un coup de marteau sur le crâne de l'insolent, elle asséna :

— J'ignorais qu'il y en eût.

Un temps.

— Tout de même... Sophie Marceau...

— Mademoiselle Marceau qui a, d'ailleurs, un joli brin

de talent, fait ce qu'elle veut, et moi de même. Je ne pense pas qu'il soit raisonnable de comparer nos carrières. Mon plus grand succès a été *Phèdre*. Avec la meilleure volonté, je ne vois pas Mademoiselle Marceau jouant *Phèdre*. Du moins celle de Racine.

— Je veux dire vous avez été habituée, à une certaine époque, d'après ce que m'a dit mon rédacteur en chef — parce que moi évidemment, j'étais trop jeune — à avoir beaucoup de fans, beaucoup de publicité... Les journaux étaient pleins de vos faits et gestes... Est-ce que ça ne vous ennuie pas qu'aujourd'hui, il n'y en ait plus que pour des starlettes, qui pourtant...

— Mon enfant, soupira Nora avec compassion, toute cette bruyante popularité « cette gloire en gros sous », comme disait Victor Hugo qu'on oublie trop souvent — j'en ai joui jusqu'à l'indigestion. Que d'autres arrachent de mes mains, si cela les amuse, ce flambeau de pacotille... Quant à être envieuse... Laissez-moi terminer cette intéressante interview par une comparaison : si je n'avais pas connu les îles de la Polynésie, je serais peut-être jalouse de celles qui s'y trouvent. Mais j'ai connu les îles de la Polynésie jusqu'à la nausée...

— Vous voulez dire, par cette métaphore, que la Polynésie, c'est la gloire?

— Vous êtes un jeune homme très intelligent.

— Bref, pour nous résumer, si j'ai bien compris, vous vous considérez toujours comme une star?

Elle prit un temps, et du ton le plus royal qu'elle pût assumer :

— Si je n'étais pas une star, cher Monsieur, vous ne seriez pas ici, en train de me poser des questions aussi connes.

Elle se leva, avec vingt ans de plus sur les épaules.

La tournée se termina. Jupiter, Alcmène, Mercure, et les autres, avec encore un peu de fond de teint à la racine des cheveux, se séparèrent dans les pleurs et les embrassades.

Ils jurèrent de se revoir dès la semaine suivante.

Ils ne se revirent jamais.

C'était sa dernière chance. Un miracle. On lui avait offert de participer à une grande émission de télévision la veille de Noël. Il s'agissait, pour les stars les plus importantes, françaises et étrangères, de paraître et d'effectuer un numéro inédit, différent de ce qu'elles font d'habitude. Les comédiens chanteraient, les chanteurs danseraient, les danseurs joueraient de l'harmonica...

— Mais je ne sais rien faire, mon chéri...

— Il ne s'agit que de quelques minutes, un gag, un jeu, un clin d'œil. Pense à la joie qu'éprouveront tous tes admirateurs... Et puis il y a si longtemps que...

— Je sais, mon chéri, je sais, je deviens paresseuse... Enfin, si tu insistes... Mais qu'est-ce que je pourrais...

— Je te vois descendant le grand escalier, chantant, et faisant quelques pas de danse, avec des boys, genre Sylvie.

— Sylvie?

— Vartan.

— Ah! Oui, bien sûr...

Elle en était restée à Mme Sylvie, remarquable comédienne du temps passé.

Elle avait un mois pour prendre des leçons de chant et de danse. Elle s'y appliqua avec l'énergie du désespoir. Il fallait qu'elle éblouisse. De cette apparition dépendrait son sort. Ou bien elle redeviendrait la première, ou bien il ne lui resterait plus qu'à finir ses jours dans l'ombreux anonymat de quelque Pont-aux-Dames. On lui avait promis quatre répétitions. Il n'y en eut que deux, la veille, et le jour même de l'émission. De plus – une fois n'est pas coutume – tout se ferait en direct. Pas question d'interrompre, de reprendre, de choisir la meilleure prise. La gueule du fauve, à l'heure où il est le plus affamé.

Elle hésita entre *C'est un gigolo* et *La vie en rose*, préférant s'en tenir à des valeurs homologuées. Pas question de se lancer dans le rock. Au diable le spectre de Sylvie! Une évocation de Mistinguett, la gouaille en moins, le style en plus. Elle opta pour *Valencia*, mélodie qui avait fait ses preuves, rythme rassurant. Elle avait demandé au chef d'orchestre de s'en tenir strictement à la mélodie.

– Pas de fioritures, je vous en prie.

– Madame, avait répondu l'homme de l'art, il faut bien que je donne quelques notes à jouer au clarinettiste et au guitariste, sinon ils s'endorment.

– Alors, qu'au moins le pianiste joue la mélodie, et qu'on me laisse tout près de lui quand je dois chanter.

– Madame, en ce qui me concerne, vous pouvez vous asseoir sur ses genoux, si cela vous rassure.

André Levasseur avait accepté de lui dessiner une robe qui la moulait, estompait la taille un peu épaissie, laissait voir les jambes dont elle pouvait encore être fière.

Le grand jour arriva. Elle était malade de trac, comme elle ne l'avait jamais été pour Phèdre ou pour Lady Macbeth.

Le présentateur avait prévu une introduction où il jugeait prudent, pour les générations nouvelles, de rappeler discrètement les triomphes passés de la Graziani, mais Nora ne l'apprécia pas. « Non, mon chéri. Rien. La minute de vérité, comme pour le toréador. Pas de confiture. Simplement : Nora Graziani, un roulement de tambour, les projecteurs, et j'entre, au sommet de l'escalier. »

A sa peur de chanter faux, s'ajoutait celle de descendre dix marches. Elle fut sur le point d'y renoncer, mais un sursaut de fierté la fouetta.

« Et maintenant, en direct, chantant et dansant pour la

première fois, notre chère, notre grande, notre inoubliable NORA... GRAZIANI. »

Roulements de tambour. Applaudissements. Elle apparaît au sommet des marches, farouchement décidée à être
belle.

Tout se passa à peu près bien. Elle se retrouva en
coulisses, vide, et déçue que ce moment d'extase eût été si
court. Un mois de fiévreuse espérance et voilà qu'il fallait
enlever la robe, la perruque, et repartir dans la nuit avec
un petit baluchon, comme la femme de ménage.

Quelques « Bravo, Nora. Vous avez été très bien. » Un
« Eh bien tu vois, Nora, ce n'était pas la mer à boire. » Un
« Bonsoir, madame Graziani, et merci » du producteur...
Maigres compliments. Elle traîna dans les coulisses, à la
recherche d'une chaleur, d'une invitation à souper, d'un
commentaire sur son interprétation, pendant qu'on
appelait un taxi. Elle agrippa, comme une bouée, le
danseur noir qui avait été son chorégraphe.

— Alors ? mendia-t-elle.

— Alors, O.K.

— Tu es content de moi ?

— Bien sûr.

Il l'embrassa sur les joues.

Le lendemain matin, elle se réveilla tôt afin de pouvoir
répondre, en toute lucidité, aux coups de téléphone de ses
amis. A 10 heures, il n'y en avait encore eu aucun. Il est
vrai que c'était Noël, et que, ce jour-là, les Français ont la
fâcheuse habitude de faire la grasse matinée, même si la
Graziani a chantonné la veille à la télévision.

Le premier appel fut, évidemment, de sa mère.

— Ils ont photographié Dalida beaucoup mieux que
toi... Et puis je n'aime pas ta robe. J'aurais voulu
davantage de plumes... Quand on descend un escalier, il
faut des plumes.

— Mais comment ai-je dansé ?

— Bah, comme il fallait s'y attendre...

— Et ma chanson ?

— Tu ne vas pas tout de même te prendre pour la
Callas ?

Nora raccrocha, pleine de haine envers sa mère. Elle espéra impatiemment des commentaires plus impartiaux.

Second coup de téléphone :

– Tu ne changes pas... Comment fais-tu?... Tu nous le donnes, ton secret?

Une heure passa avant que le téléphone ne retentisse une troisième fois. C'était Hubert V., son meilleur ami, au bout du fil. Pendant dix minutes, il parla de choses et d'autres. Finalement, il laissa tomber :

– A propos, bravo pour hier soir.

– Ah! Tu as vu?

– Bien sûr.

– Et alors, comment était-ce?

– Sympa... On sonne. Il faut que j'aille ouvrir. On se parle demain, ma belle. Ciao.

Elle s'habilla, descendit...

La marchande de journaux, d'habitude bavarde, marmonna :

– J' vous ai vue, hier soir.

Nora attendit la suite. Attendit... Attendit...

Deuxième partie

L'AUTEUR

Écrire une pièce est à la portée de tout le monde. Il suffit de lire les journaux. Chaque jour, ils nous offrent en abondance des sujets de drame ou de comédie. Pour peu qu'on ait l'instinct du théâtre, une rame de papier, une pointe bic, un peu de café, une table et une chaise, on parvient joyeusement au mot « FIN ». C'est alors que commencent les épreuves... En premier lieu, notre auteur dévale fébrilement les marches de sa soupente, et s'écrie, avec le regard, un peu, de Bonaparte au pont d'Arcole : « J'ai fini ! » Si aimante qu'elle soit, sa femme lui répond immanquablement :

— C'est pas trop tôt !

— Que veux-tu dire ?

— Rien, sinon que depuis six mois, tu attaches plus d'importance à tes gribouillis qu'à moi.

— Mes gribouillis ?

— Comment veux-tu que j'appelle ce que tu as pondu ? C'est peut-être génial, je n'en sais rien puisque tu ne me tiens pas au courant...

— Eh bien, justement, je veux que tu sois la première à juger mon œuvre. Assieds-toi.

— Où ?

— Là.

— Quand ?

— Tout de suite.

— Avec tout ce que j'ai à faire ?

— Tu peux tout de même consacrer une heure à...

– Le monde continue de tourner, figure-toi... Il faut que je donne à manger à tes enfants... Tu me le liras un autre jour, ton truc...

Au bout d'une semaine, notre auteur arrive enfin à coincer sa femme et à lui imposer une lecture. Un long temps suit la dernière réplique :

– Alors ?

– Alors quoi ?

– Qu'est-ce que tu en penses ?

– C'est très bien...

Et elle se lève, pour aller repriser des chaussettes dont le sort lui paraît plus urgent que l'œuvre de son mari.

C'est le début d'une série de déboires qui vont être, désormais, le lot de ce pauvre homme.

Il commence par faire dactylographier son manuscrit. Quand il le reçoit, un mois plus tard, il ne reconnaît plus son enfant. Outre les fautes de frappe, les fautes d'orthographe et les noms écorchés, le fait de voir son œuvre étalée en caractères différents de ceux qu'il avait écrits de sa main, lui cause un sentiment pénible. Comme s'il contemplait, ridiculement endimanché, le nourrisson qu'il se plaisait à voir en langes.

Sa servante au grand cœur, Yolande Bicheton, vient faire le ménage deux fois par semaine. A l'entendre appeler notre auteur « mon petit », bien qu'elle ait vingt ans de moins que lui, on croirait qu'elle l'a nourri de son sein. Elle a la manie de changer de place ses papiers, ses bibelots, ses photos. Mais ce qu'il ne peut supporter, c'est qu'elle parcoure le brouillon de sa pièce et remette subrepticement la page 13 entre la page 28 et la page 29.

– Est-ce qu'au moins vous me donnerez une place, quand ça se jouera ? Elle ajoute, entre ses dents : « Si jamais ça se joue... »

Avec un étonnement naïf, notre auteur découvre qu'il ne faut jamais attendre de compliments de sa famille ou de ses proches. La raison en est simple : ils nous connaissent trop. Tout ce qui, de nous, peut paraître à des étrangers, drôle, émouvant, original, ils en ont fait le tour depuis longtemps! Tout ce qui constitue notre personnalité, notre essence même, ils en ont la longue habitude. Impossible de les surprendre. Ils ne nous voient pas plus évoluer qu'ils ne nous voient vieillir.

Notre auteur se décide cependant à faire lire son texte à son frère. Est-il indispensable d'avoir un frère? Lui demandez-vous son avis? Il vous le donnera. Honnêtement. Rien de plus terrifiant que l'honnêteté... Mais si les architectes, les épiciers, les égoutiers et les orthopédistes ont souffert du rigorisme de leurs frères, que dire des auteurs dramatiques? Beaumarchais, entre autres, s'en aperçut, quand il soumit à son frère son premier manuscrit:

– *Le Barbier de Séville*? Pourquoi pas de Buenos Aires, pendant que tu y es! Toujours cette manie de l'exotisme! Tu es français, reste français. Crois-moi, ta pièce aura plus de succès si tu l'intitules tout simplement *Le coiffeur de Belleville*.

A qui d'autre notre auteur pourrait-il demander quelque conseil constructif? Il a des amis, bien sûr, mais les amis... Ou ils nous déçoivent parce qu'ils nous font des saloperies... Ou ils nous ennuient à périr parce qu'ils ne nous en font pas...

Trêve de détours! Le moment est venu de déposer la pièce dans trois ou quatre théâtres... Des mois passent. Nulle réponse. Des secrétaires évasives ont égaré le manuscrit. Il est évident que les directeurs de théâtre ne l'ont pas lue. Et d'ailleurs, pourquoi la liraient-ils? Une pièce est faite pour être jouée, non pour être lue. Mais enfin, direz-vous, comment peuvent-ils envisager de produire une œuvre dont ils n'ont pas pris connaissance? La réponse est simple: le texte ne compte pas. Ce qui importe, c'est de pouvoir afficher une vedette assez populaire pour mériter le titre – non, comme jadis, de « monstre sacré » – mais de « locomotive ». A moins de se contenter de salles nichées dans des banlieues difficiles d'accès, de greniers asthmatiques dans le Marais, ou de caves enfouies emmy les profondeurs des Halles... il est indispensable d'apporter une locomotive à un directeur de théâtre.

— Amenez-moi Maillan, et je vous signe un bulletin de réception, les yeux fermés.

— Le rôle principal est celui d'un homme...

— Alors, amenez-moi Johnny.

Imaginons qu'il s'agisse d'une pièce écrite pour une femme. Vous envoyez le manuscrit, avec des fleurs, à la locomotive de vos rêves. Au bout d'un mois, elle se décide, d'un doigt qui doute, à en tourner les pages. Bien sûr, s'il s'agissait d'une œuvre étrangère qui ait déjà été jouée mille fois à New York... Hélas, il s'agit d'une pièce originale d'un auteur français. La loco donne donc le manuscrit à lire à sa maman, à son agent, à son amant, à sa concierge, et enfin — épreuve cruciale — à son coiffeur. C'est le coiffeur, entre deux frisottis, qui décidera. Le coiffeur aime la pièce. Reste à choisir un metteur en scène. On dresse une liste de ceux qui sont le plus en vogue. Mais le coiffeur, pour des raisons que nous n'avons pas à connaître, préfère X. C'est donc X qu'on engagera.

Ah! les metteurs en scène... Il s'agit là d'une ethnie d'autant plus imbue de ses prérogatives qu'elle est relativement jeune. On n'a jamais entendu parler de metteur en scène à qui Molière, Racine, ou Marivaux eussent fait appel...

Dans le meilleur des cas, un metteur en scène, c'est une nourrice. Sèche ou non. Il élève votre enfant, le gave, le pare, l'habille, mais ne vous laisse vous en occuper qu'à certaines heures. Et, toujours, en pensant : « Mon Dieu, pourvu qu'il n'aille pas me le gâter! » Bien sûr, certains metteurs en scène améliorent, enrichissent, illuminent l'œuvre qu'on leur a confiée. Grâces leur en soient rendues.

X, que le coiffeur avait choisi, ne jouissait pas de ces heureuses dispositions. Il était intelligent, et pouvait se montrer aimable quand l'envie lui en venait... Malheureusement, l'envie ne lui en venait pas. Il faisait partie de ces visionnaires qui ne s'intéressent à une pièce que si elle peut servir de prétexte à leurs improvisations. Ils travaillent dans la psychologie et prétendent avoir découvert dans votre œuvre des intentions secrètes que vous n'avez jamais songé à y mettre. Vous leur faites timidement remarquer :

– En écrivant « bonjour », j'ai seulement voulu dire « bonjour ».

Ils vous répondent avec mépris :

– Taisez-vous. J'ai décelé, dans ce « bonjour », des ombres que vous ne soupçonnez pas.

Parmi tous ceux que j'ai connus, il n'y en a guère que quatre ou cinq qui ne se prenaient pas au sérieux : Preston Sturges, entre autres, qui proclamait : « Mettre en scène, c'est enfantin... Il n'y a qu'une difficulté : trouver un producteur qui vous propose de mettre en scène... Les acteurs ? Grands dieux, je ne leur demande pas d'avoir du talent. Je leur demande seulement d'être importants. On ne soulignera jamais assez l'importance de l'importance. Un exemple ? Vous m'offrez, pour un rôle, la meilleure actrice au monde. Si, pour ce même rôle, je peux obtenir la reine d'Angleterre, même si elle est incapable de dire un mot, je l'engagerai. Parce qu'elle est importante... »

Que fait notre auteur pendant ce temps ? Il se ronge les ongles. Sa femme l'a plaqué. Ses enfants le fuient. Ses amis l'accueillent d'un ironique : « Alors, ce chef-d'œuvre, c'est pour quand ? »

Imaginons cependant qu'après des mois de pénibles démarches, il ait réuni un producteur, un metteur en scène, une locomotive, et qu'il ait trouvé une gare – pardon – un théâtre qui consente à l'accueillir. Reste à distribuer les autres personnages. Pour les seconds rôles féminins, il faut obtenir l'autorisation de la Diva. Elle refuse toute actrice qui soit plus jeune, plus mince, ou plus blonde qu'elle. Elle a, par contrat, l'exclusivité de la blondeur. Parmi les rôles secondaires, il faut un jeune premier.

– Trouvez-moi la perle rare, s'écrie le metteur en scène. Je veux qu'il soit beau, célèbre et pas cher.

On en trouve un. Il est plus près de la quarantaine que d'autre chose. Il n'est pas tellement beau, il ne fut jamais tellement célèbre... Sans doute n'est-il pas trop cher! Par politesse, on l'envoie se faire agréer par l'auteur qu'il faut bien, tout de même, consulter de temps en temps. En robe de chambre (voyez Balzac) l'auteur accueille le jeune premier, à qui la servante au grand cœur a soufflé :

– Appelez-le « Maître ». Ça le mettra de bonne humeur.

Le « jeune-premier-pas-si-jeune-que-ça » s'élance...

– Ah! mon cher Maître, quel honneur...

– Asseyez-vous... Voilà... Je viens de terminer une pièce – la meilleure, de loin, de toutes celles que j'ai écrites, et je la juge impartialement, croyez-le bien – où il se trouve un rôle qui pourrait peut-être vous convenir. Quelle est la dernière chose que vous ayez jouée?

– Euh... Récemment, à vrai dire, j'ai surtout fait de la synchro... Vous savez ce que c'est...

– Pas très bien.

– Mais j'ai tourné une vingtaine de films... (Riant nerveusement.) Dans le lot, je dois avouer qu'il y a eu quelques navets!

– Aucune importance, personne ne les a vus.

– Parmi les bons, j'ai tourné *Alerte*... à bord d'un sous-marin nucléaire...

– C'est très gentil, les sous-marins nucléaires, mais je ne peux pas dire que ma pièce soit précisément un hymne aux sous-marins nucléaires... Peu importe. Je vais vous parler de votre personnage...

L'acteur se cale dans un fauteuil.

– Il s'agit d'un homme d'une certaine distinction...

60

(l'acteur prend un air à la fois arrogant et désabusé) Ce qui ne l'empêche pas d'être un joyeux drille... (l'acteur éclate de rire) Mais, à d'autres moments, il s'abandonne à une sorte de mélancolie... (l'acteur prend un air élégiaque) à des crises de désespoir... (l'acteur cache sa tête dans ses mains) qui en font pratiquement une épave...

— Une épave! C'est moi... c'est exactement moi...

— Dans ces moments de dépression, mon héros rêve de venger la mort de son père... Il est plein de doutes... Il soupçonne sa mère...

— Hamlet.

— Pardon?

— C'est un peu la même situation que dans *Hamlet*.

— C'est posible, mon cher. Tout est possible. Il n'y a que trente-deux situations dramatiques. Il est fatal qu'il se produise des rencontres...

— Bien sûr, bien sûr... Je ne voulais pas...

— Il n'y a pas de sujets originaux. Du moins, depuis vingt siècles. Molière a repris des thèmes de Plaute et de Térence... Il y a je ne sais combien de Phèdre, une ribambelle de Don Juan, des Jeanne d'Arc à ne savoir qu'en faire et trente-huit Amphitryon...

— Pardonnez-moi. J'essayais seulement de vous prouver que je connaissais mes classiques...

— Oubliez-les, mon cher. Faites comme tout le monde, oubliez-les.

L'auteur : Eh bien, j'ai fini par faire engager ce garçon. Ce n'est pas qu'il soit particulièrement brillant, mais que voulez-vous... Ah! les frimants... quelle engeance! Je me souviens, tout de suite après la Libération, en 45, d'en avoir rencontré un, à Cherbourg. Il me dit : « Venez me voir ce soir. Je joue *Le maître de forges*. Pour que vous ne soyez pas surpris, je tiens à vous prévenir : je vais être acclamé à mon entrée en scène car j'ai ici ma famille et tous mes amis, et ils ne m'ont pas vu sur scène depuis 1939 ». Bon. J'assite à la représentation. Après le spectacle nous allons souper. Il est très triste. Finalement, il me dit : « Vous avez remarqué, n'est-ce pas? Je n'ai pas eu mon entrée... Eh bien, c'est à des choses comme ça qu'on voit qu'il y a eu la guerre... »

Que voulez-vous répondre à ça?

L'acteur : Eh bien, j'ai fini par accepter ce rôle. Oh! ce n'est pas qu'il m'emballe, mais que voulez-vous faire... Il faut bien prendre ce qui se présente, ou alors on resterait dix ans à se croiser les bras... Ah! les auteurs, quelle engeance! Ils se croient supérieurs à nous parce qu'ils ont accouché de deux cents pages! Si seulement ils consentaient à nous écouter. Le plus mauvais acteur, avec son instinct, en sait tellement plus que le meilleur auteur, dans le silence de son cabinet! Est-ce nous qui sommes sur les planches, ou eux? C'est justement ce qu'ils ne nous pardonnent pas... Ils nous reprochent de ne pas être, traits pour traits, le héros dont ils ont rêvé... Ils ont pondu un personnage qui est un mélange de Bernard Blier et de Catherine Deneuve, et ils s'étonnent de ne pas le trouver...

L'auteur : Nous voici à huit jours de la générale. L'administratrice du théâtre m'a envoyé une dizaine de places pour cette soirée, à offrir à mes amis, en me recommandant impérativement de n'inviter que ceux dont je suis sûr qu'ils applaudiront... Facile à dire! Une salle de générale se compose de dix pour cent de critiques... dont le métier – c'est évident – consiste à critiquer. De dix pour cent de directeurs de théâtre qui ont refusé la pièce, et ne peuvent pas ne pas souhaiter un échec qui confirmerait le bien-fondé de leur décision. De dix pour cent d'acteurs qui souffrent de ne pas être à la place de ceux qui jouent. De dix pour cent d'auteurs qui, si généreux soient-ils, espèrent que la pièce sera un four, pour que le théâtre soit libre plus vite. De dix pour cent d'amis qui n'applaudissent pas parce qu'ils s'estiment mal placés. Et des membres de notre famille qui n'applaudissent pas, de crainte qu'on les accuse de partialité. A qui donc envoyer ces cartes d'invitation? Je connais des gens drôles et des gens gentils (ce sont – hélas – rarement les mêmes), je connais des gens intelligents et des gens cultivés (là non plus, ce ne sont pas les mêmes), je connais des gens sensibles et enthousiastes... mais je ne connais pas une seule personne à qui je puisse envoyer une place, avec la certitude qu'elle applaudira.

Le soir de la générale, l'auteur se retrouve, seul, dans un coin des coulisses. Il perçoit, le cœur battant, ce bruit de houle, cette marée montante, faite d'espoirs et de glauques embûches.

Qu'ont à voir les premières de films, et leurs plates images tournées six mois auparavant, avec cette lutte au couteau, à cœur ouvert, ce contact immédiat, ce bouche-à-bouche qui unit, ce soir-là, l'auteur et le public? Combat aussi rude qu'un match de boxe, et dont le résultat est instantané, brutal, définitif.

– Et voilà... C'est en ce moment que se joue le sort de mon enfant, et je suis là, inutile. Je traîne. Mes interprètes me dévisagent comme si j'étais un étranger. Eux, ils forment un tout. Ils sont unis pour le meilleur et pour le pire. Ils s'épaulent, ils se complètent... Moi, je suis seul. J'ai écrit ma pièce il y a quatre ans. J'ai lutté pour lui trouver un théâtre, un metteur en scène, des comédiens. Ils s'en sont emparés comme si c'était leur bien...

Ça y est. Les trois coups sont frappés. Je ne dépends plus maintenant que d'impondérables : l'humeur des critiques, la position des astres, un monsieur qui tousse... Vogue la galère... Les trois coups, c'est la bouteille de champagne qui frappe la coque du navire. Le navire gagne la haute mer, et moi, je reste sur le quai... Seul. J'ai l'impression que quelqu'un va venir m'expulser : « Vous n'avez rien à foutre ici. Circulez... circulez... »

Ça y est! C'est fini. Huit rappels, c'est pas si mal... « La locomotive a ses vapeurs, mais elle a quand même été au charbon », plaisante aimablement la vieille habilleuse qui n'a pas encore entendu parler du T.G.V.

Dans la loge, les camélias se nichent parmi les azalées. Au milieu de sa serre, la star, radieuse, attend les admirateurs. Leur lente colonne apparaît, fatiguée comme dans un cimetière, après les longs discours sous la pluie. Les premiers à l'étreindre sont ceux, précisément, qu'elle souhaiterait écarter : des camarades de lycée qui se trouvaient dans la même classe qu'elle, et qui ont l'air de vieillards!!! « Tu te rappelles Mme Le Bailly, quand elle t'a mis le bonnet d'âne? » De quoi les tuer!... Fort heureusement, l'attaché de presse se charge de dégager la loge pour y introduire les photographes et les vedettes. Épanchements. Ceux de la fournée suivante piétinent à la porte. « Divine! Divine! » entend-on fuser « Grande coquine! Tu nous a mis dans ta poche, comme toujours! »

– Mais... la pièce? se risque à demander la grande coquine.

– Bah! Quelle importance! Tu nous lirais l'annuaire que nous serions sous le charme!...

Une rivale, perfide comme toutes les rivales, embrasse la locomotive à l'étouffer :

– Admirable... Tu es admirable... Je ne suis pas sûre que les critiques vont aimer ça, mais quelle importance! Ça n'est pas la première fois que tu jouerais dans un four... Ça nous arrive à toutes... L'important, c'est de tirer son épingle du jeu...

L'auteur continue à errer, de couloirs en couloirs. Les rares qui le reconnaissent lui assènent de grandes tapes dans le dos : « Je voudrais te parler plus longtemps de ta pièce. J'ai une ou deux idées qui pourraient peut-être sauver ton troisième acte... Encore merci pour les deux strapontins... »

Échappant à ces monstres, l'auteur s'en va frapper à la loge du jeune premier.

L'auteur : Bravo! Vous avez été remarquable.

L'acteur : Dans une telle œuvre, ce n'est pas difficile.

L'auteur : Vous aviez des amis dans la salle?

L'acteur : Deux ou trois.

L'auteur : Qu'est-ce qu'ils vous ont dit?

L'acteur : Ils m'ont demandé : « Quoi de neuf? »

L'auteur : Ça manque d'enthousiasme...

L'acteur : C'est mieux que rien. D'habitude, ils me disent : « Comment as-tu pu te fourrer dans une merde pareille? »

L'auteur : J'ai tout de même l'impression que nous tenons un triomphe.

L'acteur : Espérons que ce triomphe deviendra un succès.

Deux jours plus tard.

L'auteur : Vous avez lu Chalais?

L'acteur : Bien sûr! Il dit que je suis la révélation de l'année.

L'auteur : Il dit aussi que ma pièce est inepte.

L'acteur : Ah oui? Je n'ai pas remarqué.

Huit jours plus tard.

L'auteur : Hier, j'ai offert deux places à ma servante au grand cœur. Elle les a acceptées avec réticence, comme si je lui proposais une tractation financière dont elle aurait lieu de se méfier... Ce matin, elle arrive faire le ménage. Pas un mot sur ma pièce... Des heures passent... Finalement, je n'y tiens plus...

— Alors, Yolanda, vous vous êtes bien amusée, hier soir?

— Ah! mon grand... (je remarque avec plaisir qu'elle ne m'appelle plus son petit) ça a été le plus beau jour de ma vie...

— Vous me faites plaisir...

— Figurez-vous que je suis arrivée à l'adresse que vous m'aviez donnée. Il y avait tant de monde que j'ai hésité à entrer... Vous ne m'aviez pas dit qu'il y aurait tant de monde... Évidemment, vous ne pensez jamais à rien... Bref, je m'approche du contrôle... puisque vous appelez ainsi cette espèce de trône... Il y avait deux hommes en smoking, superbes, grands, bien habillés; de vrais gentlemen... Je reste à les regarder, émerveillée... Je comprends enfin pourquoi tant de gens aiment le théâtre... Je serais restée comme ça, immobile, pendant des heures... L'un d'eux, le plus beau, m'aperçoit, et me crie : « Puis-je vous aider, Madame ? » J'ai cru m'évanouir... Comme il insistait, j'ai fini par répondre : « Je suis Madame Bicheton. » Il regarda dans un grand livre, et s'écria devant tout le monde : « Yolanda ? Yolanda Bicheton ? J'ai deux places pour vous, au premier rang de balcon. Amusez-vous bien, Yolanda... » Ah ! cet homme, je ne l'oublierai jamais...

— Je suis ravi que le contrôleur vous ait plu...

— Dites-moi, mon grand, à la fin, les gens ont applaudi...

— Ah ! Tout de même !...

— ... Peut-être qu'ils étaient contents que ça soit fini...

Et elle se remit à fiche la pagaille sur mon bureau.

— *Tout ça est bien gentil, soupire ma femme, à qui je viens de lire ce qui précède, mais, au lieu de te pencher avec complaisance sur des personnages que tu inventes, pourquoi ne pas parler, en les nommant, de ceux que tu as connus, et que nous connaissons, nous aussi? Ne crois-tu pas que ce serait plus honnête? Nous pourrions contrôler tes dires, confronter nos souvenirs aux tiens, faire la part de ton imagination... Cela te forcerait, pour ton plus grand bien, à tenir en laisse ce besoin d'exagérer...*

Troisième partie

PARIS

MARCEL ACHARD

Je l'imaginerais volontiers dans un film de Fellini, incarnant un de ces moines paillards, papelards, rondouillards, fouinards et égrillards.

A ses doigts grassouillets, des bagues et des fossettes. Tel le chanoine Kir, il distillerait quelque liqueur douce, ou quelque élixir, comme le père Grangier. D'une main boudinée, il touillerait de sulfureuses concoctions, cependant que, de l'autre, il pincerait les fesses de la servante. Sur les pavés de sa bonne ville, il se dandinerait, acceptant, avec un sourire glouton, les hommages de son petit peuple. Sa gouvernante, prénommée Juliette, l'attendrait sur le pas de sa porte : « Vous êtes en retard. D'où venez-vous ? » On passerait dans la cuisine, où Fellini céderait la place à Marco Ferreri, pour un très gros plan du Monsignor bâfrant ses fettuccine. La gouvernante s'indignerait : « J'ai trouvé dans vos papiers un manuscrit que vous intitulez *Patate*. Quand cesserez-vous d'écrire en argot ? Si vous continuez, vous n'entrerez jamais à l'Académie. »

Il entra tout de même à l'Académie, emmitouflé dans des lunettes humides, et traînant une épée étonnée. « Une épée de sept millions... que nous lui offrons », soupire une comédienne. Car cette épée, le plus beau jour de la vie de Marcel, est le résultat d'une collecte adressée à tous les théâtres et studios de France. Les machinistes de Billancourt y ont répondu par un laconique « Merde », mais les acteurs n'ont pas eu ce courage. Et chacun d'envoyer au plus vite son obole : « Qui sait? Peut-être y aura-t-il, un jour, une reprise de *Jean de la Lune*... »

A l'Académie. Discours fleuris. Le récipiendaire, se trompant de sujet, se livre à un éloge de l'œuvre de Giraudoux. Ainsi arrivait-il parfois, pendant la guerre, que de Gaulle adresse aux aviateurs une harangue destinée aux fantassins.

Ces orateurs chamarrés qui se succèdent, ces larmes furtives... On se croirait déjà sur la tombe de Marcel. Un enterrement où le défunt, tout guilleret, se lèverait pour remercier...

Mort ou vivant, Marcel promène immuablement la même bonhomie amusée. Il flotte, coule, se répand, échappe... Un jour, en 1955, il m'écrivit une comédie : *Le plus bel amour du monde*. Il voulait que je la joue avec Mélina Mercouri. C'était sa période hellène. Je l'emmurai chez moi, à la Malmaison, entre des rames de papier. Pendant cinq semaines, il travailla. Comme il savait bien écrire sur l'amour! Puis il me proposa de jouer sa pièce au mois de mai. Je lui conseillai, dans son intérêt comme dans le mien, d'attendre septembre. Il attendit septembre. Hélas, entre-temps, Mélina avait regagné son Pirée natal, qu'elle prenait sans doute – tel le héros de La Fontaine – pour un homme.

Nous déjeunions tous les jours, Marcel et moi, dans le jardin printanier. Parlant de Marisa *, il me demanda :

– Vas-tu l'épouser?

– Je n'oserai jamais lui demander. Elle a vingt ans de moins que moi.

– Et alors, hurla Marcel, et alors?... C'est le devoir de ces dames d'avoir vingt ans de moins que nous... C'est leur devoir...

Il se leva, terrible, adressa au ciel un œil prophétique, et je crus un instant contempler Moïse, édictant, d'un doigt vengeur, les Tables de la Loi...

* *Note de l'éditeur* : Marisa Pavan.

Juliette, son épouse, non dénuée d'élégance et de cœur puisqu'elle s'occupa généreusement des œuvres de l'Orphelinat des Arts, ne vivait que pour son grand homme. Cela la fatiguait. Si bien que tous les soirs, vers 9 heures, elle s'endormait. La plupart du temps, cela se passait au premier rang de quelque théâtre. Passionné de spectacle comme il l'était, Marcel n'aurait jamais manqué une générale. Juliette l'accompagnait, se calait dans son fauteuil comme d'autres en quelque lit douillet, et attendait le lever du rideau pour s'assoupir... On eût dit que les trois coups agissaient sur elle comme un somnifère à l'effet immédiat...

A la fin de chaque acte, les applaudissements la réveillaient. Elle ouvrait la bouche en même temps que les yeux, et s'écriait : «Admirable!» Mieux elle avait dormi, plus son éloge était enthousiaste... De l'autre côté de la rampe, les acteurs en venaient à souhaiter qu'elle fasse de beaux rêves... Ils évitaient même de parler trop fort, de crainte de compromettre son sommeil.

DANIELLE DARRIEUX

Elle aurait dû naître en Touraine.

Elle en a la clarté, l'harmonie.

Elle est radieuse, bien dans sa peau. Elle s'assume totalement, avec allégresse. Les fées l'ont comblée, et elle a l'élégance de leur en être reconnaissante.

Autant elle est précise dans son métier, autant, ailleurs, elle est distraite. Il faut la voir dans quelque réception officielle où, à son corps défendant, elle se laisse parfois entraîner. Lui adresse-t-on un compliment ? Un sourire exquis masque sa rêveuse absence. On lui parle de choses et d'autres, elle est à mille lieues de la conversation : sur son bateau, sans doute, dans le golfe du Morbihan où elle abrite jalousement un bonheur préservé. De temps en temps, elle lance à ses interlocuteurs un « Oui... », à tout hasard. C'est, fort heureusement, pas toujours, mais la plupart du temps, la réponse adéquate. Son instinct de somnambule l'a fait retomber sur ses pattes. Des pattes de velours, bien polies et sans griffes.

Je l'ai rencontrée pour la première fois à Zarospatak, une brumeuse bourgade aux confins de la Hongrie, de la Tchécoslovaquie et de la Russie. Ce n'est pas par goût de l'aventure que nous nous trouvions dans ces parages, mais bien pour y tourner *Tarass Boulba,* une saga concoctée, si je ne me trompe, par Gogol.

Pour s'y rendre, il fallait emprunter de ces chemins « montants, sablonneux, malaisés » qui crèvent les pneus autant que les conducteurs. On se sortait à grand-peine de boueuses ornières pour voir surgir un gendarme nous réclamant mille pengoes * pour le bon entretien des routes!

A cette époque, Danielle arborait des yeux étonnés et une moue de petite fille butée. Aujourd'hui, si les yeux s'étonnent moins, c'est qu'ils jaugent tout avec une indulgence amusée, avec une sereine et souriante philosophie, qui viennent, sans doute, de ce qu'elle ne s'encombre d'aucun souvenir. Quand il m'arrive de lui rappeler tel film, telle rencontre, elle me dévisage avec étonnement comme si je lui parlais une langue inconnue.

Un jour que, par hasard, je citais le nom d'Henri Decoin, elle me contempla d'un œil vide :

— De qui parles-tu?

— D'Henri Decoin.

— Ce nom me dit quelque chose...

— Évidemment, Danielle. Tu as été sa femme, tout ce qu'il y a de plus légitime, pendant plusieurs années.

— Ah! Oui?... Je ne me souviens pas...

Elle était sincère.

Moi, je m'en souvenais, pour une raison savoureuse. Nous tournions aux studios de Joinville, à l'orée de nos carrières. Chaque soir, vers 6 heures, un monsieur et une dame, plus âgés que nous, venaient nous chercher. Le Monsieur, Henri Decoin, attendait Danielle qu'il venait d'épouser. La Dame, Blanche Montel, m'attendait.

— Ta gamine va bien? demandait-elle au Monsieur.

— Fort bien. Et ton minet?

Les regards qu'ils se jetaient manquaient de chaleur, car ils venaient de divorcer. Mais, de cette époque, comme de celles qui ont suivi, Danielle ne se rappelle rien.

Sa vie commence chaque matin, vierge de tout passé.

1974. Nous voilà, Danielle et moi, sur les routes de

* *Note de l'éditeur* : unité monétaire hongroise jusqu'en 1950.

76

France et de Navarre, de Suisse et de Belgique, de Tunisie et du Maroc pour y jouer *Les amants terribles*. Heureuses randonnées! Bienfaisants fous rires! Dès que nous entrions en scène, une armada de jumelles noires se juchaient sur le nez des spectatrices. Au diable la pièce! Ce qui les intéressait avant tout, c'était de voir le nombre de rides que nous avions acquises depuis nos débuts, et comment nous parvenions « à réparer, des ans, l'irréparable outrage! » Danielle était devenue avec *Le Bal* une star alors qu'elle avait quatorze ans. J'avais remporté mon premier succès à dix-sept ans. Les spectateurs nous connaissaient depuis si longtemps qu'ils nous croyaient, pour le moins, centenaires. Dans chaque ville où nous passions, les critiques nous complimentaient poliment sur notre interprétation, sans manquer d'ajouter que nous paraissions « incroyablement » jeunes...

Cette référence à nos âges nous agaçait. Un jour, je prétendis avoir reçu, au courrier, un article d'un journal de Genève, où nous avions joué quelques jours auparavant. Je demandai à Danielle si elle voulait le lire.

– Bien sûr! fit-elle, joyeuse comme à l'accoutumée.

Elle déchanta bientôt!

Depuis qu'ils ont tourné ensemble Tarass Boulba, *il y a de cela un nombre impressionnant de décades, Mlle Darrieux et M. Aumont n'ont pas cessé d'intriguer leurs admirateurs. A les voir sur scène piaffant et virevoltant, fougueux et sémillants, qui pourrait se douter qu'ils ont atteint l'âge où la plupart des gens raisonnables font sauter sur des genoux tremblants une ribambelle d'arrières-petits-enfants... Pendant la bagarre du deuxième acte où M. Aumont s'écroule sur le tapis, nous avons craint qu'il ne puisse se relever... Nous avions tort. Nos deux vedettes revinrent pour jouer le troisième acte. Bien qu'échevelés et un peu hagards, ils parvinrent à se jeter leurs répliques avec cette souriante vaillance qui est leur charme le plus certain.Aux rappels, ils s'accrochaient l'un à l'autre, épuisés, mais radieux. Chapeau bas à ces intrépides vétérans!*

Danielle était sur le point de s'évanouir. Je m'empressai de lui avouer que j'étais l'auteur de cette plaisanterie!

En fait, à la sortie des théâtres, il y avait toujours deux ou trois vieilles dames qui demandaient à Danielle, sur le ton de la supplication, de leur révéler « ses secrets de jeunesse ».

Ces secrets, je vous les livre : elle aime la mer et la montagne, les enfants, les plantes, les chiens et les chats, le soleil et la pluie... Avant tout – recette suprême – elle aime rire... Ah! Si les femmes qui ont dépassé la trentaine pouvaient comprendre que le rire est le plus bienfaisant des baumes, qu'il n'ajoute pas de rides, ou alors de ces lignes enjouées aux coins des yeux, qui sont autant de certificats de bonne vie...

On ne peut pas rire tout le temps? Soit. Contentons-nous de sourire. Si seulement nos compagnes savaient que sourire à l'entour dès le réveil, trouver un piment aux moindres corvées, s'amuser en rangeant ce qu'un mari distrait et des enfants turbulents ont laissé traîner, prendre du plaisir à repasser, accueillir la poussière comme une rosée, et les mégots comme autant de clins d'œil, si ces dames comprenaient que la bonne humeur est une source de jouvence plus efficace que les crèmes, les onguents, les astringents et les liftings... comme elles resteraient jeunes!

Il me souvient d'une chanson que mes camarades et moi fredonnions pendant la guerre :

> *Ah! que son entretien est doux*
> *Qu'elle a de mérite et de gloire*
> *Elle aime à rire, elle aime à boire*
> *Elle aime à chanter comme nous...*

Elle s'appelait Fanchon. Elle aurait pu s'appeler Danielle.

DE PIERRE BRASSEUR
A
DEPARDIEU

Dieu merci, c'en est fini des acteurs qui ne font rien. La sobriété – cette impuissance calculée – est passée de mode. On en revient à l'excès. J'aime l'excès, j'aime la folie, j'aime la singularité. Que m'importe que les acteurs jouent avec naturel. Que m'importe qu'ils parlent sur scène comme dans la vie. Ce n'est pas ce que j'attends d'eux. Je ne suis pas venu assister au spectacle de leur monotonie. Je suis venu chercher deux heures d'oubli. Avec Diaghilev, je m'écrie : « Et maintenant, surprenez moi ! »

Gabin, j'en ai peur, aura fait du tort à toute une génération d'acteurs qui ne se rendaient pas compte de l'exceptionnel de son cas. Il pouvait se permettre de paraître ne rien faire tant il avait de force, de poids, d'autorité. Les jeunes comédiens qui s'inspirent de lui n'ont pas, au départ, les atouts dont la nature l'avait comblé. Ils croient bon de ne rien faire, et ils ne nous touchent en rien.

– Et Fresnay, me répliquent-ils, est-ce qu'il n'était pas sobre et naturel ?

– Il y est parvenu, non par manque de moyens, mais à force de gommer. Au départ, il y a en lui une intelligence des textes, une science de son métier si aiguë qu'il peut se permettre d'effacer ce qu'il a établi, et de n'en laisser paraître que les grandes lignes. C'est Christian Bérard faisant un chef-d'œuvre avec son pouce, sur un menu de restaurant, en pensant à autre chose...

Brasseur, s'il avait peint, eût été Picasso...

Nous nous sommes connus tard, et peu. Bien qu'il n'y eût pas, entre nous, une grande différence d'âge, il semblait, à mes yeux, légendaire et un peu effrayant : un personnage hors du commun, excessif, imprévu, impétueux, un ogre tonitruant. Nous avons participé ensemble aux « Rencontres du Palais-Royal » où, deux fois par semaine, Jean-Michel Rouzière réunissait avec amour des comédiens épris de grands textes.

Plusieurs fois, Pierre m'invita à souper après les représentations. En tête-à-tête, sa superbe s'évanouissait. Il devenait mélancolique, presque tendre... Pas longtemps. Vers deux heures du matin, sa fringale d'en imposer, de rencontrer des interlocuteurs nouveaux, de faire une « entrée » dans quelque boîte, d'y casser quelques verres, d'y séduire quelques filles, d'y insulter quelques garçons, l'emportait vers Saint-Germain-des-Prés.

Bientôt, je le quittais, tombant de sommeil. Il me disait bonsoir d'un regard réprobateur. Décidément, je ne faisais pas le poids!

Il est mort de ses excès, de ses appétits, de sa violence, de sa soif de vivre. Dalio, qui fut son meilleur ami, et que tout le monde essayait de consoler, constatait : « Je suis la veuve Brasseur! » Il enchaînait, en levant son verre : « Quand on parle de Pierre, il faut blaguer. C'est le meilleur moyen de penser à lui sans le trahir. »

Dalio avait raison. La seule façon d'honorer nos morts, c'est de trinquer à leur santé.

Dans cette même lignée d'acteurs anticonventionnels, démesurés, inspirés, regardez Depardieu. En voilà un qui n'est pas obsédé par le naturel! Il en a à revendre, mais ce n'est pas cela qui fait de lui un grand comédien. C'est sa générosité, son lyrisme, sa luxuriance. C'est un bel animal, un fauve lustré, libre et fort, fantasque et passionné.

Que ce soit dans *Tartuffe*, dans *Danton* ou dans *Tenue de soirée*, il nous emporte où il veut. En tout cas, loin de chez nous. Quel autre pourrait dire à Michel Blanc: «Viens, je vais t'enculer» sans que ni Blanc ni les spectateurs ne s'en offusquent?

C'est que Depardieu y met de la tendresse, de l'ingénuité, une franchise si désarmante qu'on peut percevoir, dans cette proposition hardie, la déclaration d'amour la plus romantique: «Si je vous le disais, pourtant, que je vous aime...»

J'ai rencontré Depardieu à ses tout débuts, sans savoir qui il était, ni ce que cachait une orgueilleuse timidité. Elisabeth Wiener l'avait présenté aux Carpentier pour me donner la réplique dans une scène de *La Pomme de son œil* tirée de mon recueil de souvenirs du même nom. Nous en avions fait une comédie musicale dont Polnareff composa la partition, et que François Villiers mit en scène. Quand j'écris que Depardieu devait me donner la réplique, j'exagère un tantinet, car son personnage n'avait pas un mot à dire! Enroulé dans une gandourah, il devait se contenter de fumer un narghileh.

Je jouais un ambassadeur dont la fille de dix-sept ans changeait sans cesse de personnalité. Dans cet épisode elle apparaissait costumée en berbère. Elle vivait dans une mansarde au plafond incertain. Le plancher était couvert de nattes tressées. Une odeur de marijuana fatiguée suintait de coussins ébréchés... L'ambassadeur avait vaguement envie de vomir... Hamid (Depardieu), pieds nus, le pouce droit cerclé d'un anneau de laiton, portait une barbe et tenait à la main une rose. Un peu interloqué, l'ambassadeur décidait de se montrer aimable:

– Je suis heureux de vous rencontrer, Hamid. J'espère que nous deviendrons des amis...

Hamid ne répondait rien. Il s'éventait avec la rose.

L'ambassadeur tentait d'autres questions. Toujours pas de réponses. L'odeur devenait oppressante. Le thé à la menthe refroidissait. La rose se fanait. Les deux jeunes gens ignoraient de plus en plus l'ambassadeur. Il faisait un nouvel effort :

— Je sais de bonne source que Hamid est un sculpteur de grand talent. Est-ce qu'il exposera bientôt ses œuvres? Fatima (c'était le nouveau nom qu'elle s'était choisie) contemplait son père avec un peu de pitié :

— Hamid ne veut vendre aucune de ses œuvres. Ce serait un peu dégradant, tu ne trouves pas?... L'important, c'est d'aimer...

Au ralenti, Hamid contemplait le pouce de son pied avec une infinie tendresse. Visiblement, s'il était amoureux de qui que ce soit, c'était de son pied. L'ambassadeur secouait ses contagieuses torpeurs. Il prenait congé de Hamid qui, sans se lever, joignait les mains et les portait à ses lèvres.

Dans ce rôle si court et sans la moindre réplique, Depardieu était somptueux. Son silence était plus éloquent que tout dialogue.

Tout de même, si j'avais su...

D'ELVIRE POPESCO
A
EDWIGE FEUILLÈRE

Simple, comme seuls peuvent se le permettre les grands de ce monde, Edwige Feuillère préside, chez Maxim's, une table où elle s'est entourée de six de ses anciens partenaires : les aînés (Jean-Louis Barrault, Jean Mercure et moi), les jeunots (Paul Guers et Guy Tréjean) et le bambin (Francis Huster).

Une fois de plus, je me sens conquis par l'harmonieuse autorité, la rêveuse aisance d'Edwige.

Un jour que je disais de Katerine Cornell, alors la plus célèbre actrice américaine : « Adulée comme elle l'est, comment a-t-elle pu rester aussi modeste ? » « Pourquoi ne le serait-elle pas ? » me répondit-on. « Elle est la première, et elle le sait. » Je ne suis pas sûr qu'Edwige le sache. Et, d'ailleurs, sur quels indices peut-on déclarer que telle est la première, et telle la troisième ? Le talent ne se mesure pas à l'aune. C'est la denrée la plus fluide, la plus impondérable... Une partie de tennis comporte un vainqueur et un vaincu, mais une joute artistique ? De Raphaël et de Rubens, qui est le premier ? De Mozart et de Beethoven ?

Sur la banquette rouge, en face de nous, Elvire Popesco.

C'est un jour de Noël, il y a bien longtemps, que je lui fus présenté. Cela se passait chez mon grand-oncle Georges Berr qui venait d'écrire pour elle en collaboration avec Louis Verneuil, *Ma cousine de Varsovie*. Au bras de Verneuil, apparut une éblouissante créature qui débarquait, non de Varsovie, mais de Bucarest... J'étais en culottes courtes, et, devant tant d'éclat, je tombais amoureux. Ces dents... cette blondeur... cette santé... cet accent... Ce soir, soixante ans plus tard, la voici, assise entre deux académiciens. Le regard s'est attristé. On y devine de l'angoisse... « Encore une minute, Monsieur le bourreau... » Mais le ton, le style, l'aura sont de ces souveraines qui conservaient, errant à travers l'Europe, la gloire d'avoir régné sur des millions de sujets. Sujets qui les vénéraient d'autant plus qu'ils les avaient détrônées : Elisabeth d'Autriche, Marie de Roumanie, L'Impératrice Eugénie... Que ce fût sur un quai mélancolique du lac Léman ou dans un wagon privé de l'Orient-Express, leur noblesse en imposait aux plus violents anarchistes qui, parfois, les tuaient par amour, comme dans *L'Aigle à deux têtes*.

Elvire 1ʳᵉ, votre dynastie n'est pas nombreuse... A vrai dire, je ne vois guère qu'Edwige, au prénom si proche du vôtre, qui puisse en faire partie. « Elle n'a pas l'accent roumain ? » Soit. D'accord. On lui pardonne... Nul n'est parfait...

J'ai connu Edwige au Conservatoire. Elle y arrivait de Dijon avec trente-quatre francs dans son sac, une tignasse non éduquée, un nez épaté, des yeux qui n'avaient pas encore appris à charmer, bref moins belle qu'elle ne l'est aujourd'hui. Son nom était alors Edwige Cunati. Puis elle s'appela, pour une brève période où elle figurait l'une des femmes du roi Pausole, « Cora Lynn ». Enfin, quand elle eut épousé un grand garçon maigre et rêveur, elle devint Edwige Feuillère. Cette provinciale appétissante, qui s'évadait de Bourgogne avec un prix de comédie, un prix de chant, et une plume verte dans son chignon, devait se transformer rapidement en la parisienne la plus élégante. La taille s'affina, l'œil devint lucide, et la bouche gourmande.

Je n'ai pas connu Réjane ni la Duse, mais je sais, en la voyant si bien évoluer, qu'Edwige est de leur race. Même frémissement. Même prestige. Même réserve. Et ces modulations, que ses imitateurs transformaient en roucoulements, et qui me sont musique...

« Nos recettes ont baissé » dit-elle. Seuls, les êtres nobles peuvent ainsi révéler, avec simplicité, une vérité qui n'est pas flatteuse. Les médiocres se croient obligés de tricher. Chez Edwige, rien n'est médiocre.

En 1958, après avoir joué avec elle *Sodome et Gomorrhe* sur la colline éventée de Fourvière, j'eus la joie d'avoir Edwige pour interprète. Il s'agissait de *Lucy Crown*, une pièce que j'avais écrite d'après un roman d'Irwin Shaw. Et c'est justement Elvire Popesco – « Dans la vie, mon petit gars, on se retrouve toujours » disait Jouvet – qui monta ce spectacle au Théâtre de Paris qu'elle dirigeait alors. J'apportai mon manuscrit à Madame Popesco. Elle le posa sur son bureau :

– Je préfère que tu me racontes.

– Eh bien, voilà, commençai-je. Il s'agit d'une femme encore très belle...

– Assez, j'ai tout compris. C'est moi il y a vingt ans...

Elle décrocha le téléphone et appela Edwige :

– Je viens de lire une pièce admirable... (Elle n'en avait pas lu une ligne.) Venez signer votre contrat demain.

Il se trouvait que, par miracle, Edwige était libre. Bernard Blier aussi! Et pour les encadrer : Paul Guers, Françoise Brion, Jacques Riberolles... J'étais comblé!

Mais notre rencontre la plus pittoresque eut lieu lors d'un enregistrement de *La Dame aux camélias*, où elle me demanda d'être son Armand Duval.

A la première lecture, j'arrivai chez elle en retard. Une dizaine de vieux comédiens l'entouraient, leurs fronts déférents entre leurs doigt ridés. On eût dit un groupe de pélerins en prière devant Sa Sainteté. J'embrassai Edwige : « Pardonne-moi de t'avoir fait attendre... » Je sentis soudain autour de moi des tremblements, des suffocations, de l'incrédulité, de l'effroi. La fervente pléiade des vieillards me dévisageait comme si j'étais un criminel échappé d'un asile. Je me rendis alors compte que c'était le fait d'avoir tutoyé Madame Feuillère qui les mettait dans ces transes. Jamais, au grand jamais, personne ne s'était permis un tel sacrilège. En outre, qu'Edwige acceptât cette familiarité les laissait pantois. « Monsieur Aumont et moi sommes de vieux camarades », énonça-t-elle pour les calmer.

L'enregistrement du disque, quelques jours plus tard, fut délirant. En effet, Edwige, qui connaissait son rôle mieux que par cœur pour l'avoir joué des centaines et des centaines de fois, se livrait à la passion de son personnage. Entre deux quintes de toux, elle épandait sur moi ses pleurs, ses mains, ses bras, sa chevelure et sa poitrine, cependant que, hagard, j'essayais désespérément de lutter pour conserver mon texte en mains, mes lunettes sur le nez, et pour déchiffrer tant bien que mal, les quelques répliques que je parvenais à glisser entre ces effusions désordonnées.

L'ironique conclusion de cette aventure est que je fus élu, cette année-là, le meilleur interprète pour l'enregistrement d'une œuvre dramatique!

Les vieillards qui formaient la cohorte fanatique de ses adorateurs ont dû en attraper une maladie, mais Edwige se contenta d'en rire. Une certaine hauteur, qui est son essence, ne nuit en rien à sa générosité ni à son sens de l'humour... Comme beaucoup de grandes dames, elle consent à être violée.

Moralement, s'entend.

C'est-à-dire qu'elle accepte qu'on se montre familier envers elle, si elle sent qu'on lui témoigne, au fond du cœur, l'hommage qui lui est dû.

Du respect? Elle n'en a que faire! Mais certaines attitudes ne sont pas pour lui déplaire : admiration, loyauté, et même – pourquoi pas? – dévotion.

Il s'agit tout simplement de se souvenir qu'elle est une souveraine. Tout comme la grande Catherine, qui ne manquait pas de rappeler à ses amants, entre deux étreintes, qu'il lui était loisible de les faire pendre...

DALIO

Il brillait d'un éclat désespéré.

D'une grinçante lucidité qui le faisait souffrir, et qui, en même temps, assurait son succès.

Au restaurant, ou chez des amis, Dalio n'entrait pas comme tout le monde. Il faisait une entrée. Il s'y était préparé. Il l'avait répétée. D'abord, il était venu, dans les heures précédentes, repérer les adresses où on lui avait donné rendez-vous, et si possible, les lieux. Il ne s'agirait pas de se perdre, ou d'être en retard! Pas en avance non plus, car son arrivée passerait inaperçue...

Le voilà enfin, impérial et discret. Maquillé, juché sur ses talonnettes, cambré pour ne pas perdre un pouce de sa taille. Roméo dans le corps de Caliban.

Si l'auditoire lui paraît digne de lui, il se livre à un numéro de funambule inspiré, résigné aux coups du sort, comique et attendrissant. C'est Charlot. On s'attend à ce que des petits pains surgissent à ses doigts...

Il s'est éteint à quatre-vingt-trois ans, mais il y avait longtemps qu'il était usé, comme ces pantins que des enfants cruels s'acharnent à abîmer. De lui, il nous reste des mots drôles, dans leur pitoyable amertume, et le souvenir d'un clown de génie, masquant son anxiété sous des paradoxes destinés à faire rire une galerie qui, depuis quelque temps, commençait à se lasser...

Il avait fait brillamment la guerre de 14-18. Mais, en 40, trop vieux pour s'engager, il s'était réfugié aux États-Unis. Il souffrait profondément de cet exil. Il ne cessait de faire des prières : quitter l'Amérique et retrouver au plus tôt son Paris bien-aimé.

1944 arrive. « Ça y est ! » s'écrie-t-il. « L'Europe est libérée. Je vais enfin pouvoir rester en Amérique. » Ce qu'il voulait dire, c'est que, dorénavant, il n'y serait pas forcé par les circonstances, mais qu'il y resterait de son plein gré. Il fallait le bien connaître pour savoir que ses grimaces ne servaient qu'à cacher son désespoir.

Au théâtre, parfois, on lui reprochait d'en faire trop... « Mais non... c'est quand j'en fais trop que je suis sincère... »

Un jour que je lui dis : « Assez parlé de nos amis. Parlons maintenant de nos ennemis », il me répondit : « Inutile. Ce sont les mêmes. » Il ajouta : « Faisons semblant d'être amis, même si nous le sommes. »

Quelqu'un lui demanda : « Vous êtes juif ? » Il répondit : « En temps de paix, oui. »

Autour d'un verre , il me lança : « Dans la vie, chacun doit faire ce qui lui plaît. Moi, je souffre. Tu ne vas tout de même pas m'empêcher de souffrir. C'est le seul plaisir qui me reste. »

Évoquant une de ses ex-épouses, une fille ravissante qui était incapable de dire trois mots, il raconte l'avoir rencontrée, dix ans après leur divorce. Elle lui saute au cou et jacasse pendant des heures. Lui (sidéré) : « Mais... tu parles, maintenant ! » Elle : « Oui, je parle maintenant. Et, d'ici peu, je me mettrai à penser. »

Il rencontre René Clair, un vieil et très cher ami qui vient d'être élu à l'Académie Française. Après l'avoir félicité comme il convient, Dalio lui dit : « Cher René, c'est trop bête de ne plus jamais se voir. Donne-moi ton adresse. » Clair (évasif) : « Oh! le plus simple, c'est que tu m'écrives quai Conti. » Alors, Dalio, vexé : « Tout compte fait, j'attendrai que tu sois au Panthéon. »

Moi : « Il faut que je me décommande. Me conseilles-tu de téléphoner ou d'envoyer un mot? » Lui : « Envoie un mot. Ça sera tout de même plus lâche. »

A quatre-vingts ans, il s'est fait un peu rectifier le visage. « La même gueule », soupire-t-il en se regardant dans la glace après qu'on ait enlevé les pansements. « La même gueule! Quel idiot je suis! J'aurais dû apporter au chirurgien une photo de Marilyn et lui dire franchement : Voilà à qui je veux ressembler. »
Il ajoute : « J'aurais mieux fait de le prévenir que je ne pourrais pas le payer. Dès qu'on paye un médecin, il vous traite par-dessus la jambe. »

Avec ses partenaires, Dalio alternait admiration et mépris. D'Errol Flynn, il disait : « C'est une Mercedes qui marche au gazogène. » En revanche, je l'ai vu aux pieds de Spencer Tracy. Cela se passait à Hawaï, où nous tournions *The Devil at 4 o'clock*. Sinatra refusait de tourner le matin. Tracy était trop fatigué pour tourner l'après-midi. Ce matin-là, Tracy adressait ses répliques à un figurant qui, hors-champ, remplaçait Sinatra. Il avait du mal à se rappeler son texte. Il bredouillait ou s'arrêtait au milieu d'une phrase. Alors, Dalio, surgi d'on ne sait où, et à demi enfoui sous un immense chapeau de paille, se prosterna, se frappa la poitrine, et s'écria en larmes :

« C'est ma faute, Spencer, c'est ma très grande faute... »
Stupeur de la troupe qui n'avait déjà que trop tendance à
considérer Dalio comme un fou... Il est vrai que cette
opinion n'était pas pour lui déplaire!

Dalio connut à Hollywood une heure de gloire pittoresque et totalement imprévue.

C'était au tout début de son séjour aux États-Unis. Ni
La grande illusion, ni *La règle du jeu* n'avaient encore
été projetées dans ces parages. C'est dire que, pour la
plupart des gens, le nom et le visage de Dalio étaient
encore inconnus. Il avait toutefois deux amis. Un acteur
italien que j'appellerai « Renzo » et une voiture qui
représentait pour lui ce que les trônes incrustés de
diamants représentaient pour les maharadjahs. Au volant
de sa Chevrolet, dévorant tout au long de Sunset Boule-
vard des kilomètres qui ne lui faisaient pas peur, Dalio
offrait un spectacle à la fois réjouissant et périlleux! Les
feux rouges, il les ignorait une fois pour toutes. Devant
les feux verts, il s'arrêtait respectueusement.

Il crachote dans un gros cigare pour se donner de
l'importance. Il aime dîner en ville. Hélas, on l'y convie
rarement. En dehors de Renzo, il ne connaît pas grand
monde. Depuis trois mois qu'il est dans ce pays, il n'a été
invité qu'à une party, chez les Zanuck, mais il y avait
deux cents personnes. On ne lui avait guère prêté attention.

Le temps de rentrer son ventre, d'assurer, derrière ses
oreilles, les lunettes fumées dont il se défait rarement, et
le voilà, sifflotant pour se donner de l'assurance, qui
sonne.

– Quoi de neuf? lui demande Renzo, en servant le
whisky quotidien.

– Louis B. Mayer va donner la party du siècle...

– Je sais.

– Tu crois... tu crois que tu pourrais me faire inviter?
Je me suis bien amusé, l'autre soir, chez Zanuck.

– Ah! oui?

Dalio se mord les lèvres. Il n'aurait pas dû montrer de l'enthousiasme.

— Bien sûr, c'est parce que tu y étais... Parce que, autrement, moi, tu sais, les réceptions... »

Le voilà qui joue les blasés. Évidemment ça sonne faux!

— Dis-moi — tu peux tout me dire — qu'est-ce que Zanuck a pensé de moi?... Oh! je sais, j'ai toujours un handicap : cette barrière de la langue... Je défie quiconque de briller, quand on ne trouve pas ses mots...

— Pourquoi cherches-tu à briller?

La question est tombée comme le couperet de l'échafaud.

— Comment, pourquoi?... Voilà des gens qui m'invitent. Ils s'attendent à ce que je les fasse rire...

— Ils ne s'attendent à rien du tout.

— Je sais que je ne peux pas en imposer, alors un bon mot, par-ci, par-là...

— Tu t'es conduit comme un pitre... Comme un oncle de province qui en débiterait une bien bonne, à la fin d'un banquet... Nous ne sommes pas à Pont-à-Mousson, Marcel... Lève-toi. Je vais te montrer comment il faut agir dans ce pays. Tu arrives. Tu prends un air distant...

— Pourquoi?

— Parce qu'il faut les impressionner. Parce qu'ils sont habitués aux sourires serviles, et que le seul espoir que tu aies de te faire remarquer est de les traiter du haut de ta grandeur... si j'ose dire! Tu laisses tomber « How nice to see you » et tu te retires dans un coin.

— C'était la première fois que je rencontrais Lana Turner, mon idole... Si j'étais resté dans mon coin, ce n'est pas elle qui aurait fait le premier pas...

— Du moins tu ne te serais pas couvert de ridicule. Dire à Lana qu'elle a de beaux yeux!... Elle fait des efforts pathétiques pour qu'on ne regarde que ses seins, et tu lui parles de ses yeux! Allez, répète ton entrée.

— Écoute-moi, Renzo, tu as peut-être raison d'agir

comme tu le fais. Mais moi, je ne peux pas jouer Hamlet... Mon emploi, ce serait plutôt le bouffon de *La nuit des rois*...

— Ici, ils ne comprennent rien aux bouffons. Ça leur fait peur. Ta seule chance de les impressionner, c'est le silence. Un silence absolu.

— Quand je vais à une soirée, c'est tout de même avec l'espoir de m'amuser...

— Nous ne sommes pas ici pour nous amuser. Répète...

Dalio fait semblant d'arriver. Il bombe le torse, et laisse tomber, lugubre : « How nice to see you ».

— Ton œil est encore trop étonné. Tu ne t'ennuies pas assez.

— Je viens d'arriver. Je n'ai pas encore eu le temps de m'ennuyer.

— Tu t'ennuies depuis que tu es né, connard.

— Ah, bon... C'est vrai, d'ailleurs.

— Je suis Zanuck. Vas-y.

— How nice to see you.

— How do you do?

— Qu'est-ce que je réponds?

— Rien.

— Il m'a posé une question.

— Tu nous vois, donnant des détails sur notre santé, chaque fois qu'on nous demande : « Ça va? »! C'est seulement quand nous sommes à l'article de la mort, que les gens s'intéressent à notre réponse.

— J'ai vu votre dernier film. Un chef-d'œuvre...

— Non! (C'est un rugissement.)

— Je ne peux tout de même pas lui dire que c'était de la merde!

— Qu'est-ce que tu veux que ça lui foute, ce que tu penses de son film! Au besoin, tu peux lui parler de ses recettes, mais comme tu n'y connais rien... Moi-même, c'est seulement aujourd'hui, après quatre ans d'expérience, que je me permets de lui dire : « Congratulations. You did it again. » Il me répondra : « Thanks ». Mais ce « Thanks », il y en a beaucoup qui paieraient cher pour l'obtenir!

92

– Je ne savais pas que c'était si compliqué de dîner en ville...

– On n'obtient rien sans travail.

La grande soirée battait son plein, quand Doris, une capiteuse blonde que tout le monde connaissait, fit son entrée, escortée par Dalio qu'elle présenta à la ronde. Il serra la main de Renzo d'un air entendu : « Tu vas voir ce que tu vas voir. »

Les quolibets de son ami avaient ouvert, dans son cœur, une plaie amère. Il s'était inscrit dans une agence qui fournissait des escortes aux femmes esseulées. Quand Doris demanda à l'agence de lui trouver quelqu'un qui pût l'accompagner chez Louis B. Mayer, elle s'était entendue répondre : « Nous avons un Français de première qualité; smoking, monocle et tout. » Son mari étant absent, Doris n'osait pas se montrer aux bras d'un beau garçon... Elle convoqua Dalio, le trouva présentable, et l'emmena...

Le dîner commencé, on parla des recettes des films les plus récents. Un des pontes avança des chiffres. *La fille du fermier* avait rapporté tant à Pomona, tant à Des Moines, tant à Kalamazoo... C'est alors que Dalio accomplit l'exploit de sa vie. Il murmura : « Merci. »

Au début, on n'y prêta guère attention. Mais Dalio s'obstinait. A chaque nouveau chiffre, il laissait tomber : « Merci. » Calmement. Posément. « Merci. » Rien de plus. Et il baissait les yeux, impénétrable.

Qui pouvait-il bien être ?

Pas un producteur, bien sûr, ni un metteur en scène. Ils se connaissaient tous. Un commanditaire de la M.G.M. ? Un des gouverneurs de la banque de Californie ? Un des géants de Wall Street ?

Puisque, dans ce pays, rien ne se faisait sans motif, puisqu'il fallait trouver une explication aux comportements les plus gratuits, il ne venait à l'esprit de personne que ce monsieur puisse dire merci sans raison. Ce fut à qui s'assurerait de ses bonnes grâces.

On se leva de table. Les femmes se rendirent au boudoir recouvrir de poudre leurs plus récentes cicatrices, et se délecter de quelques ragots. Les hommes, au salon, dégustaient un brandy en se racontant des histoires pornos, mais tout de même moins sordides que les potins de ces dames.

Doris ayant décidé de rester, Dalio partit le premier, en déclarant, d'un œil mystérieux, qu'il avait du travail pour la nuit. Les invités se ruèrent sur Louis B. Mayer, exigeant de savoir qui était ce nabab inconnu.

— Renseignez-vous auprès de Doris.

— C'est un financier international, avoua Doris.

— Suisse?

— Non, levantin. (Il était préférable qu'il vînt de loin!) Il est arrivé hier de Bagdad pour me conseiller...

C'est ainsi que notre Dalio connut un éphémère triomphe, un beau soir, à Hollywood...

Son enterrement, au cimetière de Bagneux, fut lugubre.

Oh! Je sais bien que les enterrements, qu'on les élève au rang d'obsèques ou de funérailles, ne sont pas précisément le genre de cérémonies où l'on s'amuse comme des fous, mais il y en a qui sont moins pénibles que d'autres...

Voir un monsieur en trench-coat fatigué, muni d'une écharpe de maire et d'un feutre de gangster, lire du ton le plus indifférent, quelques phrases destinées à tout le monde et à n'importe qui (visiblement, il n'avait pas la moindre idée de qui était Dalio), m'attriste.

Il paraît que ce monsieur était le rabbin. Tout compte fait, je préfère les prêtres. Du moins leur uniforme leur confère-t-il une sorte d'austère dignité...

Six employés, en tenue de fossoyeurs, se sont emparés du cercueil. Je ne pense pas qu'ils avaient un mégot à la bouche, mais je n'en jurerais pas! Ils ont fait glisser notre pauvre Dalio – j'entends d'ici les commentaires! – dans le trou le plus profond que j'aie vu. Horreur d'imaginer combien d'autres corps, inconnus de lui, vont venir s'entasser sur le sien... Les morts doivent souffrir affreusement de claustrophobie...

« Tout aura été sordide », murmure Jany Holt. « J'ai été sa première femme. Tu ne crois pas que la dernière aurait pu se déranger? » Mais non. Celle qu'il appelait « la naine » est restée à Los Angeles. Cher Marcel, qui eut pour épouses les plus belles filles... finir accolé à une naine – il est vrai qu'elle le faisait paraître plus grand – qui n'assiste même pas à ses obsèques!

C'est fini. Simone Signoret m'embrasse. « On ne se rencontre que dans des cimetières! La dernière fois, c'était pour Claude *. La prochaine fois, ce sera pour toi ou pour moi... »

En dehors de nous deux, il n'y a guère que Jean Rochefort et Michel Piccoli pour représenter les comédiens français.

Les fossoyeurs demandent des autographes. Ah! Le rire de Dalio, s'il peut nous voir du fond de sa tombe!

Je pars, ou plutôt je m'enfuis, sans dire au revoir à qui que ce soit. Sourdement, j'en veux à tout le monde...

J'en veux surtout à Dalio d'être mort.

* *Note de l'éditeur :* Claude Dauphin.

LAC AUX DAMES de Marc ALLEGRET (1933)

"Entre les cinq mon cœur balance : Rosine DEREAN, Simone SIMON, Illa MERRY, Odette JOYEUX, Maruska BESOBRASOFF."

LES ANNALES

Jean-Pierre Aumont, Œdipe de
« La Machine Infernale », la nou-
velle pièce de Jean Cocteau, à la
Comédie des Champs-Élysées.
(PHOTO KITROSSER)

Conversation avec un Fonctionnaire de Bon Sens, par Paul Allard
Raymond Patenôtre, par G. Champeaux. — Le Japon convoite-t-il la Sibérie ?
Chez les Déterreurs de Cadavres, par le Marquis de Wavrin

13 Avril 1934   **Le Numéro 2 Fr.**

LA MACHINE INFERNALE de Jean COCTEAU (1934)

"J'ai tué la bête immonde, j'épouserai Jocaste, je serai Roi..."
(Jean COCTEAU)

*Les photos présentées dans ce livre font partie de la collection privée de Jean-Pierre Aumont
ou ont été aimablement communiquées par "Cinestar".*

DROLE DE DRAME de Marcel CARNE (1937)

"Lle lait... Lle lait..."

LE MESSAGER de Raymond ROULEAU (1937)

Première rencontre avec GABIN.

A HOLLYWOOD avec **Fred ASTAIRE**

"Il dansait mieux qu'il ne jouait aux dames..."

Avec **Gene KELLY**

"Il s'était mis en tête de m'apprendre à danser."

HANS LE MARIN de François VILLIERS (1948)

LA TEMPETE (1966), dans le rôle de PROSPERO

*"Nous sommes de la même
étoffe que les songes.
Et notre vie infime est cernée
de sommeil."*
(SHAKESPEARE)

Une répétition de **Jules CESAR** (1954)

*Jean RENOIR (au centre). A sa droite Françoise CHRISTOPHE et moi; à sa
gauche Yves ROBERT et Paul MEURISSE; debout Jean TOPART et Michel
HERBAULT.*

SHEHERAZADE de **Walter REICH** **(1946)**, dans le rôle
de Rimski-Korsakov

*"Et cette blonde au
premier rang qui
semble me préférer
le violoniste!"*

SI VERSAILLES M'ETAIT CONTE de **Sacha GUITRY,**
(1953) dans le rôle du Cardinal de Rohan

"Une histoire de collier..."

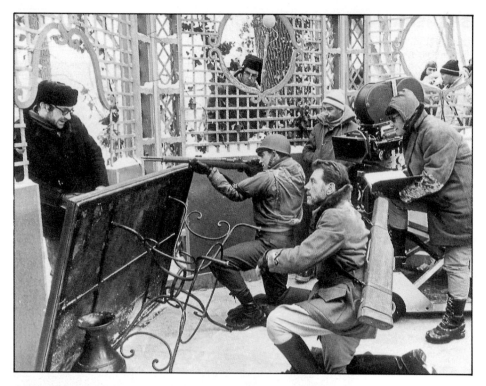

UN CHATEAU EN ENFER (1968)

Face à Burt LANCASTER, Sydney POLLACK n'a pas l'air très rassuré.

Avec **Marisa PAVAN**, ma femme, pendant le Festival de Cannes 1980.

MISTINGUETT

"Pourquoi cette gloire à travers des décades ? Le galbe des jambes n'explique pas tout."

Pierre BRASSEUR

"S'il avait peint, il eût été Picasso."

Marcel ACHARD félicitant **Maria MONTEZ**

"Marcel, je l'imaginerais volontiers dans un film de Fellini."

Edwige FEUILLERE

"Il s'agit simplement de se souvenir qu'elle est une souveraine."

Danielle DARRIEUX

"Les fées l'ont comblée, et elle a l'élégance de leur en être reconnaissante."

DALIO

"Il brillait d'un éclat désespéré..."

Gérard PHILIPE

"Ce sourire secret qui semblait se souvenir d'autres royaumes."

LA NUIT AMERICAINE présentée au Festival de Cannes (1973)

De gauche à droite : Jacqueline BISSET, Bernard MENEZ, François TRUFFAUT,
Nathalie BAYE et Valentina CORTESE.

LA NUIT AMERICAINE (1972)

Débuts de Nathalie BAYE, avec Jacqueline BISSET et moi.

DES JOURNEES ENTIERES DANS LES ARBRES (1976)

"Madeleine RENAUD : au faîte de la gloire, elle ressent encore les battements de cœur d'une débutante."

LA POMME DE SON OEIL (1970) avec Gérard DEPARDIEU

"DEPARDIEU ? Son silence était plus éloquent que tout dialogue..."

Avec **Jacqueline MAILLAN** et **Roger MIRMONT** dans **COUP DE SOLEIL** (1983)

"JACQUELINE : elle entre en scène, et c'est le soleil..."

Avec **MARLENE** à Cassino

"Ouf ! Nous venions de l'échapper belle."

MARLENE DIETRICH

"Une femme fascinante ? Que dis-je ? Dix, vingt, trente femmes fascinantes."

Avec **Lilli PALMER** dans **HANS LE MARIN** (1948)

A Portofino, en compagnie de **Laurence OLIVIER**,
Rex HARRISON et **Vivien LEIGH**

A Cannes avec **Grace KELLY**

"Einstein avait raison!"

Vivien **LEIGH** dans **TOVARICH** (1963)

Yul BRYNNER et Marisa **PAVAN** dans **LA REINE DE SABA** (1958)

"Yul BRYNNER : un macho élevé aux ''criadillas."

Anna Maria PIERANGELI

"Les roses ne durent qu'un matin."

Marlon BRANDO

"Un empereur de la décadence."

Orson WELLES

"Un géant dans tous les domaines."

JACQUELINE MAILLAN

Elle entre en scène, et c'est le soleil. Elle nous réchauffe, elle nous offre l'allégresse, la joie de vivre. Un tonique enchantement.

Son comique est à base d'humanité, de petites notations, de raccourcis, de failles que nous constatons tous les jours chez les femmes que nous côtoyons. Des moues qui commentent et prolongent la confidence... Une générosité. Une façon cocasse et pudique de se moquer de soi...

Son pouvoir sur le public est fabuleux, doué de force comique et de chaleureuse amitié. Elle est particulièrement savoureuse dans ses apartés qu'elle semble improviser – qu'elle improvise d'ailleurs. Il s'agit de complicité : « T'as vu le clin d'œil que m'a fait la Maillan », pense chaque spectateur. Il est heureux et flatté qu'elle l'ait choisi pour avouer ses péchés.

Dans son cas, les péchés ne sauraient être que véniels. Ses faiblesses sont de celles que toute femme partage. Et puis, il y a la tête qui contrôle les sens. Chaque spectatrice se sent heureuse qu'une femme qui frise, ou « défrise » (pour employer l'expression de Marcel Mithois) la cinquantaine, puisse encore plaire, séduire, gagner, et conduire son petit monde à la baguette.

Étonnante Maillan! Alors que la plupart des comiques établissent ce qu'ils font avec une minutie d'horlogerie – ce n'est pas pour rien que Bergson parlait du mécanisme du rire – Maillan bouscule les règles. Plus elle bafouille, plus on rit. Rate-t-elle trois effets sûrs, elle en suscite six autres, dont elle ne se souciera plus le lendemain.

L'humilité de Maillan pendant les répétitions me fascine, et m'inspire une sorte de respect non aligné. Ce sont les actrices de second plan qui piquent des crises de nerfs et renvoient leurs partenaires. Les grandes comédiennes n'ont nul besoin de ces subterfuges.

Je la regarde travailler. Rosny ne la ménage pas : « Parlez moins vite, respirez... ne boulez pas... » Toutes recommandations que l'on fait aux élèves de première année au Conservatoire. J'appréhendais quelque sursaut. J'imaginais les réponses acerbes de Claudette Colbert ou de Ginger Rogers : « Dites donc, mon petit ami, est-ce que vous allez m'apprendre à jouer la comédie ? C'est justement ma façon de bouler qui m'a rendue célèbre. Et puis, qui va remplir le théâtre, vous ou moi ? » Il n'en est rien. Jacqueline écoute et acquiesce. Changera-t-elle son registre, son style ? J'en doute, mais, en attendant, elle accepte critiques, conseils et remontrances.

Maillan vient du cabaret. Le voilà, le Conservatoire d'aujourd'hui ! Au naturel, à la liberté d'expression, à la complicité avec le public s'ajoutent un sens de la repartie et une invention constante. On m'avait dit : « Tu verras, aux représentations, Maillan changera tout. » Mais c'est dès la première répétition qu'elle le fait, avec le consentement reconnaissant de l'auteur, pas fou !

Les effets les plus drôles de son rôle, c'est Maillan qui les trouve. Généreuse, elle en suggère à son partenaire. Le partenaire tout heureux, s'exécute. Maillan, bonne camarade, lui laisse faire son effet. Elle attend, récupère, et, pan, elle écrase l'autre, l'enfonce, le surpasse, l'éclipse...

Elle est la seule actrice que je connaisse qui parvienne à obtenir un rire inextinguible après un effet, ou une sortie de son partenaire. Est-il applaudi ? Cela ne la trouble en rien. Lionne apaisée, elle prend tout son temps, et, d'un geste, reprend de plus belle possession de la scène...

Et malgré cette puissance comique qui, parfois, l'apparente à un clown, elle est à son mieux quand elle joue en finesse. Abandonne-t-elle une certaine brusquerie, la voilà douce, tendre, discrète et sensible. Admirable comédienne!

On rêve de lui voir jouer de grands textes. Elle aussi en rêve. Mais l'accepterait-on dans *Mère Courage*, par exemple? Cette liberté sans frein qui est sa raison d'être, lui permettrait-on de s'en évader?

Au début des répétitions, je faillis être victime d'un malentendu. Jacqueline Maillan et Roger Mirmont avaient commencé à travailler. N'étant pas des deux premiers tableaux de la pièce, je ne devais me joindre à eux que la semaine suivante. Impatient, je ne pus m'empêcher de passer au théâtre.

J'avais hâte de humer la bonne odeur de l'écurie, de m'imprégner de l'ombre et de la bienfaisante poussière d'un théâtre à l'italienne, (je n'avais pas joué sur les Boulevards depuis vingt ans), de me frotter à mes camarades avant de répéter mes propres scènes... Jacqueline et Roger se méprirent. Ils crurent que je venais les juger : « Alors, parce qu'il arrive de Hollywood, monsieur Aumont veut nous en imposer! Il a la grosse tête... etc... » Ce qui était pour moi un acte d'amour, leur parut presque une inquisition!

Il fallut plusieurs jours avant que Jacqueline ne comprenne qu'elle s'était trompée sur mon compte... Quant à Roger, un long temps s'écoula avant que nous ne devenions des amis. Il me prenait pour un vieux con, et je le prenais pour un jeune con... jusqu'au jour où nous comprîmes que nous étions aussi cons l'un que l'autre...

Cette constatation nous ravit, et scella notre amitié.

Maillan dans la vie n'a que peu de rapport avec la Maillan que nous voyons sur scène. La première est aussi réservée, secrète et renfermée que l'autre est déchaînée, enthousiaste et volubile. Chaque soir, dès mon arrivée au théâtre, j'entrais dans la loge de Jacqueline, pour l'embrasser. Elle se maquillait. Je la regardais faire. Au bout de cinq minutes, je m'enhardissais :

– Tu vas bien?
– Oui.
– Tu es sortie hier soir?
– Non.

Encore s'agissait-il là des soirs où nous nous sentions particulièrement loquaces.

Mais voilà que le régisseur annonce : « En scène pour le un. » Ah! Que ne l'a-t-il fait plus tôt? Depuis son petit déjeuner, elle attend ce moment... « En scène pour le un. » Ces cinq mots sont un philtre, le Sésame qui ouvre les portes de la lumière... La Belle au bois dormant s'éveille, non pas au baiser du prince charmant, mais à la voix – combien plus tonique – du régisseur.

Elle descend l'escalier qui mène au décor. A chaque marche, elle rajeunit. Un élan la conduit. Une joie coule dans ses veines. Quand ses pieds se posent sur le plancher de la scène, elle retrouve l'usage de la parole... La voilà drôle, tendre, prolixe, chaleureuse envers moi comme envers les autres... Une fois le rideau levé, entre deux répliques, elle inventera de nouveaux gestes, de nouvelles intonations pour me faire rire.

Elle vibre, elle parle, elle improvise, elle est heureuse...

Les actrices sont faites pour être sur scène...

Et la Maillan plus que toute autre.

DE CÉCILE SOREL A MISTINGUETT

Il me souvient – pourquoi? – d'avoir rencontré à Marseille, en 1941, une étrange créature.

Enroulée d'un drap de lit, un rideau d'hôtel négligemment jeté sur l'épaule, quelques boucles généreuses s'échappant d'un chapeau mousquetaire, pourvue d'une traîne, d'une robe à paniers, d'une perruque poudrée, d'une canne enrubannée, invisibles pour tous, mais sensibles pour elle, Cécile Sorel descend la Canebière. On ne peut dire qu'elle marche; elle glisse, elle flotte, elle vole. Une jeune femme l'accompagne, mais c'est auprès d'une foule de courtisans, de confidents, que Cécile s'épanche, qu'elle roucoule, qu'elle s'enthousiasme. Pour un peuple innombrable et d'elle seule aperçu, elle tend ses mains à baiser. Et de même que dans ses conférences, elle figure ensemble Hermione et Pyrrhus, Marguerite Gautier et Armand Duval, Marion et Didier, de même, sur la Canebière, elle est à elle seule Chenonceaux, Versailles et Notre-Dame de Paris.

Les rires, les quolibets des Marseillais, elle les transforme en hommages. Légère, immatérielle, elle passe en distribuant des « merci, merci, » comme autant de faveurs et de bénédictions.

Je n'osais espérer qu'elle me reconnaîtrait mais un *bonyour* plus précis que les autres, une main impérativement offerte à mes lèvres, ne me laissent ni doute ni répit. Et tandis que les passants s'assemblent autour de nous, Sorel, maniant de ses longs doigts des éventails de rêves, d'immatérielles étoffes, d'imaginaires bijoux, me propose une tournée :

— Venez, hurle-t-elle, je veux monter *Le Misanthrope*. Vous serez mon Alceste. Venez, nous entraînerons la foule vers le pinacle. Cette tourbe, il faut la hisser au sommet (rires de la tourbe). Venez, nous triompherons de capitales en capitales.

Je hasarde timidement :

— Quelles capitales ?

— Toutes : Draguignan, Clermond-Ferrand, Limoges...

Ondulante, changeant en marbre rose les pavés de la Canebière, Célimène s'avance, recueillant le tribut d'hommages, d'encens et d'adoration qu'elle imagine susciter. Distribuant de transparentes oboles, guérissant les lépreux d'un doigt léger, bénissant les nouveau-nés qu'on dresse sur sa route, ardente comme Henri IV, majestueuse comme Louis XIV, hardie comme Bonaparte, c'est la France, la France éternelle qui, confiante en son destin, s'en va siroter un pastis au bar de la marine.

En 1941, hélas, on le voit, Mme Sorel, semblable en cela au gouvernement, commençait à montrer quelques signes de fatigue. C'est que, depuis plus de cinquante ans, elle partageait avec Mistinguett le privilège d'incarner notre pays. Aujourd'hui, on qualifierait les rapports de ces deux dames de « cohabitation ».

Je ne pense pas que la Miss rêvât de jouer les grands rôles de Sorel. Célimène et Sapho évoquaient peu d'images au royaume du music-hall. La Miss eût été désemparée d'avoir à apprendre de grands textes et à s'y tenir...

En revanche, Sorel, dès qu'elle eut compris qu'à soixante-cinq ans elle ne pouvait raisonnablement continuer à clamer : « Ce n'est pas le temps d'être prude à vingt ans » – bien qu'elle s'arrangeât pour que le « à vingt ans »soit inaudible – tourna ses regards boiteux – à la suite de quelques retouches, un de ses yeux s'était retrouvé plus haut que l'autre – vers la rue de Clichy. Quelques mois plus tard, elle débutait au Casino de Paris, descendait, empanachée, l'escalier qui avait été construit pour Mistinguett au temps où les Romains érigèrent le pont du Gard, réussissait, aidée par les bras charitables des boys, à parvenir au bas des vingt marches sacrées, s'avançait vers une rampe étonnée, et laissait tomber : « L'ai-je bien descendu ? »

Ce n'était pas l'avis de la Miss, qui, furieuse d'avoir cédé son trône – je veux dire : son escalier – à une usurpatrice, s'empressa de grimper à nouveau vers des sommets qui lui appartenaient de droit divin.

J'étais l'un de ses fidèles. Dès l'âge de quatorze ans, alors que l'âme s'ouvre à la beauté et les bras à n'importe quoi, je me glissais, tous les jeudi après-midi, au promenoir du Casino et m'enivrais de l'éblouissante apparition. Mes parents me croyaient à la Comédie-Française, où ils m'avaient offert un abonnement. Je rentrais à la maison en déclarant : « Mme Segond-Weber a très bien joué Athalie », alors que j'avais envie de m'écrier : « La Miss a été plus sublime que jamais. »

« Je suis née dans l'faubourg Saint-Denis » me paraissait plus harmonieux que les plus beaux vers de Racine. « Paris, c'est une blonde... » me semblait plus émouvant que les Tables de la Loi. N'était-ce pas du mont Sinaï, d'ailleurs, que la Miss descendait, dans un buisson ardent de strass et de paillettes, auréolée de plumes, de sequins, de diadèmes...

Un tremblant bouquet de violettes à la main, je l'attendais à la sortie des coulisses. En vain.

Un jour, le concierge du Casino de Paris eut pitié de moi et me conduisit jusqu'à sa loge. Courbée sur un livre, elle était en train de vérifier la recette. Elle leva la tête. Je vis une vieille pauvresse à lunettes, une clocharde de province rechignant sur le prix du mou de son chat...

Décidément, les acteurs ne sont pas faits pour être vus de près !

Mistinguett devait cependant m'apprendre qu'au théâtre, le talent ne suffit pas. Il faut, pour se tenir en haut de l'escalier – celui du Casino de Paris ou d'autres, moins apparents – de mystérieux, d'impondérables sortilèges... Voilà une femme qui n'était pas belle, qui n'était pas jeune, qui ne savait pas jouer la comédie, qui ne savait pas chanter, qui ne savait pas danser, et qui, pendant plus de cinquante ans, fut la reine incontestée de Paris. Français ou étrangers se précipitaient chaque année pour la voir dans une nouvelle revue aussi immuable que les précédentes, levant de moins en moins haut une jambe essoufflée, murmurant, de plus en plus bas, des refrains indigents. Mais, avec des yeux d'épagneul et les dents d'Anémone, elle rayonnait.

Sa vertu la plus évidente résidait dans ses jambes. Quand elle eut soixante-dix ans, créant une nouvelle revue, elle descendit le fameux escalier, avec, pour la première fois, une robe qui cachait ses jambes. On s'est dit : « La pauvre! Elle n'ose plus les exhiber! » Arrivée à la rampe – pas celle de l'escalier, mais celle de la scène – elle attaqua son nouveau refrain : « On dit... On dit que j'ai de belles gambettes... c'est vrai! »A ce moment, elle releva sa jupe jusqu'au ventre, et s'écria, joyeuse : « Je vous ai bien eus, hein? » Pendant cinquante ans, elle dansa immuablement les trois mêmes pas. On ne lui demandait rien d'autre! Vers la fin, on avait envie de l'aider. Peut-être guettait-on sa chute...

Mais le galbe des jambes n'explique pas tout. Sarah Bernhardt, à soixante-dix ans, triomphait avec une jambe de bois. Quand le régisseur frappait les trois coups, les spectateurs pensaient entendre le bruit de son pilon. Ils s'écriaient, comblés déjà : « La voilà! » A quatre-vingts ans, Miss chantonnait, effarouchée comme une petite fille surprise dans son bain : « Il m'a vu nue... toute nue... sans cache-truc ni soutien-machin, j'en ai rougi jusqu'au vaccin... » Nul ne songeait à se moquer. Comme la Sphinge de Cocteau, la Miss nous ligotait « avec les arabesques folles du miel qui tombe sur du miel. »

Pourquoi cette emprise à travers des décades?

Impondérables...

Maurice Chevalier, qui fut le grand amour de sa vie, suivit la même trajectoire, gloire hollywoodienne en plus. C'est qu'ils étaient, l'un et l'autre, enfants de Paname, qu'ils avaient connu la misère, et qu'ils étaient devenus riches. On ne les jalousait pas. Leur tapageuse fortune, comme une vengeance du destin, réchauffait les cœurs et donnait à rêver... On s'enivrait de leur réussite comme les descamidos s'enivraient des diamants d'Eva Peron, obscure théâtreuse devenue madone.

GÉRARD PHILIPE

Ce jour-là, je rentrais chez moi, à la Malmaison, à 4 heures du matin. J'attaquais la montée de Suresnes quand mes phares découvrirent un garçon qui me faisait signe de m'arrêter. Si rapidement que je l'aperçus, il me parut mal fringué, mal rasé et j'estimai plus prudent de ne pas m'en occuper.

Quelques secondes plus tard, j'eus honte de ma réaction : « Après tout, je suis plus costaud que lui : je pourrai me défendre s'il m'attaque. » Je fis marche arrière et ouvris ma portière. L'inconnu se pencha. C'était Gérard Philipe! Nous ne nous étions jamais rencontrés, mais je lui devais l'une de mes plus fortes émotions théâtrales, en Avignon, quand il y jouait, tel un archange, Le Prince de Hombourg, avec le vent qui s'engouffrait dans sa cape et faisait claquer les oriflammes.

Il était en panne d'essence et je le ramenai à sa voiture où se pelotonnait frileusement une jeune femme qui s'appelait Anne. Je ne sais plus comment nous réussîmes à déverser l'essence de mon réservoir dans le sien. Toujours est-il qu'il put repartir. Quelques jours plus tard, je le rencontrai à l'Élysée-Matignon : « Mon sauveur! » s'écria-t-il en me donnant l'accolade.

Des années passèrent. Je retournais chaque été chez mes amis Delbée, à Fontvieille, et nous ne manquions pas d'aller nous enchanter à voir Gérard en Lorenzaccio, en

Octave ou en Rodrigue. Mais je n'allais pas le féliciter après le spectacle. Trop de monde l'attendait. J'étais trop ému pour me contenter à son égard de banals compliments. Bref, je ne revis jamais, de près, Gérard Philipe.

Des années, des années encore... Il y avait bel âge que j'avais oublié la rencontre nocturne de Suresnes.

Un jour, je conduisais au hasard, comme j'aime le faire, suivant, par un chemin de halage, les berges de l'Oise. Soudain, je tombai en panne d'essence. Pas une âme à l'entour, pas une maison, le désert. Je marchai, marchai, dans l'espoir de trouver un endroit d'où je puisse téléphoner à un garage. Rien.

Je commençais à m'inquiéter, car le temps passait et je jouais le soir *Amphytrion 38*.

Finalement, essoufflé et de plus en plus anxieux, je découvris un portail cerné de murs qui cachaient quelque propriété. Je sonnai. Un jardinier passa une tête méfiante. Je lui exposai mon cas, et le suppliai de me laisser téléphoner. Son visage s'éclaira : « Entrez, Monsieur Aumont. Vous êtes ici chez Gérard Philipe. »

A des années de distance et sans même le savoir, Gérard, à son tour, me tendait la main. Hasard, prémonition, coïncidence... Pourquoi ne pas accueillir ces rencontres comme un clin d'œil du Bon Dieu ?

En vérité, je devais le revoir une dernière fois dans son costume du Cid, mais c'était sur son lit de mort. Avec ce sourire secret, ce profil aigu qui, là encore, semblaient se souvenir d'autres royaumes... Des hommes sont venus le soulever pour le placer dans un cercueil. On eût dit la descente du Christ au tombeau, tant il y avait de noblesse sur son visage, de sérénité et d'abandon dans son corps déjà froid.

Et je pense à ceux de ma famille qui sont morts à cet âge. Que ce soit la guerre, le cancer ou le cœur qui cède, on dirait que ce sont les plus beaux, les plus purs et les plus comblés que le destin choisit. Ou plutôt, c'est parce

108

qu'ils étaient jeunes, beaux et comblés, que leur mort nous frappe comme une injustice. Ils étaient doués, comme unis par un même destin, d'une même grâce, et du sourire le plus vulnérable. Aucun calcul chez ces êtres qui semblent avoir été créés pour donner, pour offrir leur amour ou leur amitié, comme ces princes des contes persans qui puisaient dans des coffres de pierres précieuses : « Prends tout ce que tu voudras, c'est à toi... »

Peut-être savaient-ils qu'ils mourraient jeunes.

MADELEINE RENAUD,
JEAN-LOUIS BARRAULT
ET MARGUERITE DURAS

« Se passionner pour tout, et ne tenir à rien. »
C'est la fière devise de Jean-Louis Barrault.

Je n'ai aucun mal à en suivre le premier hémistiche. Je ne parviens pas toujours à mettre en pratique le second.

Jean-Louis et moi sommes amis et compères depuis qu'il trucidait quelques bouchers dans *Drôle de drame*, cependant que je traversais distraitement l'écran en annonçant : « Lle lait... Lle lait... » Il y eut aussi *Les beaux jours* que nous vécûmes, encadrant Simone Simon, sous la sensible férule de Marc Allégret.

Quant à Madeleine Renaud, qui n'était pas encore la femme de Jean-Louis, je tournai trois films avec elle, dont *Maria Chapdelaine,* où notre amitié se développa d'autant plus vite que ni Gabin, ni Duvivier, ne nous adressèrent jamais la parole. Je sais bien qu'on ne peut pas dire bonjour à tout le monde, mais, comme nous tournions le film de l'un, que nous étions les partenaires de l'autre, et qu'en plus, nous nous trouvions au fin fond du Labrador, nous pensions naïvement que nous n'étions pas « tout le monde »!

Peu importe. Nous en avons bien ri, plus tard, Gabin et moi, quand nous nous sommes retrouvés à Nice pour le tournage du *Messager*. Et plus encore avec Madeleine, dont la carrière, unique, ne faisait que commencer...

A quoi rêvent les jeunes filles? se demandait Musset, dans un chef-d'œuvre en vers que Madeleine joua à ses débuts, à la Comédie-Française. Elles rêvent d'amour. Quel Dieu complice fit se rencontrer cette sage sociétaire, cette épouse bourgeoise, cette mère attentive, et ce jeune loup, prêt à bousculer, à dévorer tout sur son passage?

Le Jean-Louis d'alors n'a pas changé. Si son regard est devenu plus perçant et sa parole plus aisée, il a gardé la même candeur, la même passion. Cette passion, Madeleine ne se contente pas de la partager. Elle l'inspire. Leur amour se confond avec leur amour du théâtre. Il se trouve, de surcroît, qu'elle est la plus grande actrice contemporaine. Il n'est que de la voir dans certains rôles, pour comprendre ce que sa simple présence apporte d'enchantement. C'est en cela qu'elle dépasse singulièrement les limites habituelles du théâtre. A ceux qui sont malheureux, elle redonne le goût de vivre. A ceux qui sont tristes, elle apporte la joie.

Quelle carrière! Après la Comédie-Française, Marigny, l'Odéon, les Bouffes Parisiens, l'Élysée-Montmartre, le Récamier et le Palais d'Orsay: le Rond-Point. Après Molière et Marivaux: Becket et Duras. Entre-temps, à foison, Claudel et Feydeau, Tchekov et Kafka, Courteline et Cocteau, Anouilh et Genet. Avec, pour port d'attache, un manoir bucolique, niché dans les verdures d'Ile-de-France...

« *Mignonne, allons voir si la rose...* »

Eh bien, la rose n'a point perdu, « cette vesprée, les plis de sa robe pourprée ».

Pourprée de la Grand-Croix de la Légion d'Honneur qui n'alourdit en rien ni sa frêle silhouette, ni ce goût, chaque fois, de tout risquer. La voilà, sa source de jouvence.

En 1978, Marguerite Duras fit à Madeleine, à Bulle Ogier et à moi le double cadeau de jouer et, en même temps, de tourner *Des Journées entières dans les arbres*. La pièce fut mise en scène par Jean-Louis. Le film le fut par Marguerite.

112

Au départ, son aspect austère m'avait intimidé. Mais elle devait se révéler sensible et tendre, avec, dans un visage buriné, un sourire d'enfant. Elle avait une peur irraisonnable de faire « du théâtre filmé ». Les textes qu'elle nous proposait chaque matin, n'avaient qu'un rapport lointain avec ceux que nous jouions le soir même.

Quand nous tournâmes la scène capitale où la mère et le fils s'empiffrent de choucroute, Marguerite s'écria : « Moteur! » avant que nous n'ayons répété.

– Allez-y, bouffez, dites n'importe quoi.

– N'importe quoi?

Je m'étouffai, non de choucroute, mais de fureur indignée. Dieu sait que j'apprécie les metteurs en scène qui nous permettent d'improviser, Dieu sait que j'aime l'indépendance, mais là, il s'agissait d'un texte admirablement écrit, avec sa densité, son rythme, ses ombres et ses silences. Je trouvais criminel de le saccager. Je lui criai :

– Tu es en train de tuer ton propre enfant.

– Non. Le cinéma n'est pas le théâtre.

– Je le sais. Que tu élagues, que tu allèges certains passages, que tu rendes tes dialogues plus quotidiens, bravo. Mais n'écarte pas systématiquement des passages qui sont superbes. Et essentiels.

Elle m'écoutait avec une tendresse butée. Ses assistants pensaient : « Pauvre Jean-Pierre, il est bien démodé! »

Tout en me bagarrant avec Marguerite, je ne pouvais m'empêcher de l'admirer. Contrairement à tant d'autres auteurs qui ne peuvent supporter que l'on change une virgule à leur œuvre, il était émouvant de voir une femme d'une aussi exceptionnelle valeur, attacher si peu d'importance à son texte.

Quant à la pièce, elle remplissait chaque soir le Théâtre d'Orsay, et se terminait par des ovations. « Le succès, bougonnait Marguerite, quelle tristesse... On ne peut même pas offrir des places à ses amis... et on doit appeler les pompiers pour les gens qui s'évanouissent. »

Au mois de mai, dans le cadre des fêtes du bicentenaire, le gouvernement nous envoya jouer *Les Journées*, en français, à New York, Washington, Boston, Montréal et Québec.

Le public était parfois dérouté, n'oant pas rire aux scènes comiques, car il craignait d'offenser Marguerite et Madeleine, ces deux monstres sacrés en visite officielle.

D'autres publics, en revanche, se souvenant de la Madeleine Renaud de *La Puce à l'oreille*, riaient dès la première réplique, et nous avions le plus grand mal à les reprendre en main pour les scènes dramatiques.

— Ce soir, nous jouons du Feydeau! commentait Madeleine.

Le lendemain, c'était du Claudel.

A New York, on louait, à l'entrée du théâtre, des appareils sonores, semblables à ceux utilisés à l'O.N.U., qui permettaient d'entendre une traduction simultanée de la pièce. Quand des amis américains venaient dans ma loge, je leur demandais si cette méthode était efficace. Tous me répondaient, un peu vexés, qu'ils n'avaient nul besoin d'y recourir!

Qu'ils en aient saisi ou non toutes les facettes, ce duel farouche entre une mère abusive et un fils dévoyé, cet échange cruel et passionné entre ces deux êtres qui ne parviennent pas à s'arracher l'un de l'autre, exerçaient un pouvoir hypnotique sur tous les publics. Un soir, une vieille dame qui nous attendait à la sortie des coulisses, après avoir demandé un autographe à Madeleine et l'avoir embrassée avec compassion, se planta devant moi, les yeux humides de haine :

— Je ne vous demanderai pas votre signature. Vous êtes trop méchant avec votre mère.

Tout au long des représentations des *Journées*, Madeleine ne cessait de me supplier de ne plus fumer. Non que l'odeur de la pipe la dérangeât, mais elle prenait à cœur de veiller sur ma gorge et mes poumons. Ne pouvant renoncer à mon vice, j'en étais arrivé à me cacher, comme font les gosses, pour fumer tranquillement dans les cabinets. Elle croyait donc m'avoir convaincu, et en était ravie. Vint Noël. Madeleine avait préparé des cadeaux pour chacun des membres de la troupe : comédiens, machinistes, habilleuses, etc... Qu'allait-elle m'offrir ? Vaine question : un briquet, une pipe et une blague à tabac... Elle a, comme ça, parfois, de ces contradictions !...

Un jour, Jean-Louis me demanda si je ne trouvais pas trop de désordre, chaque soir, quand j'entrais dans ma loge. « C'est que vois-tu, me confia-t-il, à voix basse, tous nos gars, machinistes ou électriciens, se servent de nos loges, la nuit, pour y recevoir leurs petites amies. » Madeleine entendit cette remarque – elle entend toujours tout. J'avais peur qu'elle ne se choque. Mais non, son visage s'éclaira : « Quel bonheur, que, même la nuit, notre théâtre serve à faire l'amour. »

Je lui apporte une pièce américaine *Gin Game* que j'ai traduite à son intention. Il s'y agit d'une scène de ménage entre deux octogénaires. Elle la refuse de son plus radieux sourire : « Vois-tu, mon chéri, j'en ai marre de ne jouer que des vieilles. »

Madeleine contemple avec sévérité son visage dans le miroir de sa loge. Ce qu'elle y voit ne la satisfait pas. Elle se retourne vers Jean-Louis :
— Tu sais, n'est-ce pas, mon chéri, que, dans la plupart des couples, le mari disparaît avant la femme...

– Ah ?

– Eh ben, mon pauvre amour, t'en as plus pour longtemps...

Je lui demande comment elle va :

– Couci-couça... Je ne vieillis pas... je m'effiloche.

Elle a conservé une mémoire infaillible. Avec le système de l'alternance, elle passe, d'un jour à l'autre, de Becket à Duras. « Heureusement qu'il y a relâche le lundi, direz-vous, elle peut se reposer. » Du tout. Le lundi, elle s'en va jouer à Stockholm une autre pièce de son répertoire, ou bien dire des poèmes à Budapest. J'admire cette santé, cette discipline.

Madeleine ne boit pas, ne fume pas, mange à peine, et fuit toute vie mondaine.

– Tu es un ermite, lui dis-je.

– Que veux-tu, mon chéri, pour bien faire notre métier, il faut être en forme. Et, pour être en forme, il faut s'emmerder.

Elle offre un rôle de Cardinal, dans *Bacchus*, à William Sabatier. Il lit la pièce et constate que le Cardinal n'a que trois mots à dire. Il refuse le rôle. Madeleine s'en étonne.

– Enfin, Madeleine, rendez-vous compte de ce que vous me proposez. C'est une panouille, votre Cardinal !

– Mais, mon chéri, tu ne sais donc pas... Il est devenu Pape.

Un metteur en scène réunit tous les acteurs autour d'une table, et les entretient longuement de leurs motivations les plus secrètes. Au bout de trois heures de discours fumeux que Madeleine a subis sans broncher, le metteur en scène s'arrête, épuisé. Les autres, la

tête dans les mains, se concentrent pour ne rien oublier des cogitations du maître. Madeleine demande.
– Bref, j'entre par la droite ou par la gauche ?

C'est pendant les représentations des *Journées entières* que mon autobiographie, *Le Soleil et les ombres,* fut publiée. Le premier exemplaire que j'en reçus, je l'offris à Madeleine. Des jours passèrent, elle ne m'en souffla mot.
Finalement, je m'en ouvris à Jean-Louis.
– Madeleine n'a pas lu mon livre ?
– Mais si. En tout cas, sois-en sûr, elle a lu ce qui la concernait.
– Elle ne m'en a rien dit...
– Ah !
– Je ne peux pas croire qu'elle ait été déçue. Il est impossible de parler d'un être avec plus de ferveur, d'admiration et de tendresse que je ne l'ai fait...
– Pendant combien de pages ?
– Trois ou quatre.
– Ah !
– Quoi ?
– Quand Mounet-Sully joua Œdipe, Larroumet, alors le plus redoutable critique, fit un article enthousiaste sur le spectacle qui se terminait par : « Quant à Mounet-Sully, il est génial. » Le lendemain, il rencontre le tragédien :
« Alors, mon cher Maître, comment trouvez-vous ce que j'ai écrit à votre sujet ?
– Court. »

En 1981, une fois de plus, Madeleine et Jean-Louis construisirent un nouveau théâtre et l'ouvrirent à la date prévue. Il est vrai que Madeleine, avec son bon sens de paysanne et ses antennes de comédienne, avait eu la prescience de prévoir une charpente démontable au Théâtre d'Orsay. C'est donc cette même charpente qu'ils implantèrent au Palais de Glace, devenu grâce à eux, Palais de Feu. Dès qu'on y pénètre, on en ressent la magie. Ces plâtres pas encore séchés, ces murs trop neufs, ces tapis trop propres, nous sont déjà familiers, hospitaliers, chaleureux. Rien n'est changé. On continue...

Le nom de leur premier spectacle? *L'Amour de l'Amour*. Sur scène : Vénus, Psyché et quelques autres divinités accomplissent des miracles, mais le véritable miracle, c'est qu'après tant de tréteaux et de chapiteaux, tant de voyages, tant de luttes, Madeleine et Jean-Louis repartent une fois de plus, la fleur au fusil et le sourire au cœur...

Il y a deux ans, j'ai eu la joie de jouer à nouveau aux côtés de Madeleine.

Pierre Laville avait adapté une pièce d'un Néo-Zélandais. Nos camarades étaient Martine Pascal, Gérard Lorin et Denise Noël. C'était un drame sur l'inceste, ma mère (Madeleine) m'ayant violé quand j'avais seize ans. Madeleine trouvait cette situation bien étrange, d'autant plus que c'était son propre fils, Jean-Pierre Granval, qui nous mettait en scène. Il y avait certaines répliques qu'elle n'aimait pas. Je lui conseillai d'en parler à Laville et à Granval pour qu'ils les changent.

— Non, non, je n'ose pas.

— Enfin Madeleine... Tu es au sommet de ta gloire, tu es la directrice de ce théâtre, tu es la mère du metteur en scène... Tu peux tout de même te permettre...

— Non, non, je dirai ce qui est écrit.

Tous les deux ou trois soirs, au moment d'entrer en scène, elle me demandait :

— Rappelle-moi donc, mon chéri. Je joue ta mère ou ta femme?

— Les deux, Madeleine, les deux.

— Ça alors!

En coulisse, elle n'arrivait pas à y croire.

En scène, elle était sublime.

FRANÇOIS TRUFFAUT

27 octobre 1984. François Truffaut est mort. Depuis une dizaine de jours, je ne cessais de penser à lui, redoutant, à chaque instant, d'apprendre la nouvelle que je sentais imminente.

La dernière fois que je le vis, ce fut à la remise de ma rosette au théâtre du Rond-Point. Quelques jours plus tôt, il m'avait écrit qu'il ne pensait pas pouvoir venir : « Promotion! Voilà un mot bien à la mode! Toujours est-il que la promotion de mon dernier film m'empêchera d'assister à la vôtre, celle-là franchement plus noble, puisque le commerce et la publicité ne s'y mêlent... Écrire des films, ce n'est rien. Les tourner, un amusement. Mais il y a malheureusement cette dernière et pénible étape de la sortie... Il faut donner envie, se vanter, se pousser du col, prononcer son propre éloge... Cela me paraît de plus en plus dégradant... »

Puis il m'appela et me dit qu'il ferait tout son possible pour être là.

En fait, il était arrivé le premier. Je le trouvai arpentant le terre-plein du théâtre.

Après la cérémonie, je l'accompagnai dans la rue, et fis quelque pas avec lui.

— Vous voyez, je suis content d'être venu, mais je ne savais pas, cinq minutes avant de partir de chez moi, si j'en serais capable.

— Vous aviez l'air en forme à la nuit des Césars.

— Oui... (il sourit vaguement) Oui...

Il y a parfois des moments où je me sens d'attaque... Et puis, mon énergie retombe, et je n'ose plus bouger de ma chambre. C'est long à venir, cette guérison, c'est très long...

Il partit, un peu voûté, d'un pas imprécis, hésitant, très seul... J'avais souvent vu dans ses yeux de l'inquiétude, mais ce jour-là, par moments, il avait l'air... hagard.

Pendant les mois qui suivirent, je lui téléphonais de temps en temps. La dernière fois, sa voix, si faible, si effacée, m'avait effrayé. Il me demanda mes projets. Je lui répondis que j'allais jouer à l'Opéra de Marseille le récitant de *Christophe Colomb*. Soudain, sa parole devint claire :

– Ah! comme c'est bien... Le texte de Claudel est si beau... Ça doit vous faire plaisir de dire un si beau texte!...

Puis la voix s'évanouit à nouveau, et, pendant quelques minutes, je n'entendis plus que le souffle de quelqu'un qui était, déjà, très loin...

Ce n'est pas, ainsi diminué, que je veux me souvenir de lui, mais tel que je l'ai connu, en 1972, quand nous tournions *La Nuit américaine*, ardent, aigu, et d'un enthousiasme lucide...

A vrai dire, nos chemins s'étaient déjà croisés, longtemps auparavant. En 1954, Jean Renoir avait monté, dans les arènes d'Arles, le *Jules César* de Shakespeare, avec Henri Vidal dans César, Paul Meurisse dans Brutus, Françoise Christophe dans Calpurnia, et moi dans Marc Antoine. De nombreux autres camarades participaient à cette unique représentation qui fut un triomphe : Loleh Bellon, Yves Robert, Jean Parèdes, Michel Herbault... La figuration était composée de jeunes du pays, apprentis, épiciers ou soudeurs, qui étaient censés représenter les sénateurs romains. Ils devaient ponctuer mon long discours sur le corps de César de quelques acclamations, mais leur fougue méridionale n'avait pas grand rapport avec la dignité qu'on pouvait espérer de sénateurs romains. Au lieu de « Vae Marc Antoine » c'étaient de familiers... « On est avec toi, Tonino de mes deux... »

Un commando de jeunes cinéastes qui adoraient Renoir était descendu de Paris. Pour gagner le prix de leur voyage, ils s'étaient fait engager comme figurants. A mes pieds, et sans que j'en sache rien – l'aurais-je su que leur nom ne m'eût rien dit – s'agitaient dans des toges louées au « décrochez-moi-ça » Chabrol, Brialy, Rivette, Godard... Et un garçon de vingt et un ans ou vingt-deux ans, maigre, impatient, sévère... Ce jeune figurant qui vouait un culte à Renoir, c'était François Truffaut...

Dix-huit ans plus tard, alors qu'il préparait *La Nuit américaine*, il me demanda de venir prendre le café avec lui chez « Alexandre ». C'était un signe heureux puisque le personnage qu'il me destinait s'appelait Alexandre, et que c'était aussi le prénom de mon père.

J'arrivai au rendez-vous et aperçus, parmi d'autres, un monsieur qui semblait attendre. Je n'étais pas sûr que ce fût Truffaut, ayant tendance à le confondre avec Molinaro.

La conversation fut pénible. Il y eut de longs et nombreux silences. Il me jetait parfois un regard perçant, puis baissait les yeux. Je commandai café sur café pour animer notre entretien. Cela ne faisait que me rendre plus nerveux, et lui plus silencieux. Je pensais qu'il avait changé d'avis en me voyant et qu'il allait se mettre en quête d'un autre interprète pour le rôle qu'il m'avait destiné. Je me trompais.

Peu de temps après cette brève rencontre, je recevais cette lettre :

« Mon cher Jean-Pierre,

Pardonnez-moi de brûler les étapes de l'amitié en renonçant au « Cher Monsieur » avant le premier jour de tournage. La lecture de vos souvenirs m'a enchanté. J'ai noté plusieurs choses que vous pourriez raconter dans le film. Dans le train, les voyageurs m'ont vu hurler de rire au moment où je lisais l'histoire du bœuf miroton sur

121

Marcel Lherbier... Formidable! Si j'ajoute enfin que Maria Montez était l'une des idoles de ma jeunesse cinéphile, vous devinerez mon émotion tout au long des cent dernières pages. C'est un beau livre, superbement écrit. J'en ai commandé une dizaine d'exemplaires pour le faire lire autour de moi, et par certains participants de notre film. »

Plus loin, parlant de *La Nuit américaine*, il ajoutait : « J'aime beaucoup notre projet, j'y tiens même tout particulièrement, mais je n'appporterai aucune solennité à son tournage, parce que Renoir a raison : « Il faut s'amuser quand on tourne un film. »

Comme les êtres sont différents de ce que l'on imagine d'eux! Truffaut, le critique le plus acerbe admirait Maria! C'est qu'avec son cœur, il avait compris, en dépit des technicolorades emplumées qu'on lui faisait tourner, la femme exceptionnelle qu'elle était.

Quant au reste de sa lettre... Ce que j'avais pris pour de la froideur était de la pudeur. Qualité maîtresse de Truffaut, je devais m'en rendre compte souvent par la suite.

Studio de la Victorine. 1972. Nous tournons.

Chaque matin, Truffaut entre dans ma loge et m'offre un cigare. Pourquoi? Je ne fume que la pipe.

Il me tend un petit bout de papier sur lequel, en prenant son café au lait, il a griffonné, au crayon, quelques répliques.

— Regardez si ça vous plaît.

Je lui suggère quelques changements. Il écoute avec attention et répond :

— Ce que vous me proposez est, en effet, plus drôle, mais ce serait moins dans le caractère de votre personnage.

Il a raison. Il a toujours raison.

Quand je reçus le script, après lui avoir dit tout le bien

que j'en pensais, je lui avouai que je trouvais mon personnage un peu trop passif.

– Certes, il est passif, me dit-il; mais c'est cette absence de contact avec les autres qui lui donne son mystère, sa présence. Il faut qu'il traverse le film sans s'attacher, et sans qu'on sache trop quoi penser à son sujet. J'insistai :

– Et sa mort? Au lieu d'un accident, ne pourrait-on pas lui donner un motif? Ne pourrait-ce pas être un suicide?

– Non. Un acteur ne se tuerait pas volontairement avant la fin d'un film. Et notre film, précisément, est fait à la gloire, à la conscience professionnelle des comédiens.

Il me persuadait toujours. D'autant plus que je ne cherchais qu'à être persuadé.

Bonheur de pouvoir faire confiance, totalement, à notre metteur en scène. Savoir que, lorsque nous ne sommes pas d'accord, c'est lui qui a raison. Mais savoir aussi qu'il écoutera toutes nos suggestions, les discutera avec nous, en pèsera les vertus et les inconvénients. Tant de réalisateurs nous imposent ce qu'ils ont pondu dans leur bureau, sans tenir compte de nos réactions, de notre personnalité. Truffaut, par petites touches, sait nous mettre en confiance. Il nous laisse improviser, essayer la façon dont nous avons imaginé une scène, et cette confiance nous donne des ailes. Nous ne sommes plus des robots que le directeur pousse sur l'échiquier. Nous avons le sentiment de participer, de créer. Contrairement à d'autres, Truffaut accepte – que dis-je – il insiste pour que nous voyions la projection tous les jours. Tous, y compris les machinistes, les électriciens, les habilleuses. Il écoute nos commentaires, même si plus tard, il les écarte. Il nous fait sentir qu'il a besoin de nous autant que nous avons besoin de lui.

Dans les tournages les plus heureux, il y a des jours, comme ça, où tout va mal. En ce qui me concerne, j'attaque la journée en me fendant le front contre une porte. Et je dois tourner dix minutes plus tard! Puis, la petite Nicky* arrive en pleurant. Sa mère se meurt à Londres. Truffaut la laisse partir. L'art précède la nature, car, deux jours plus tôt, nous avions tourné une scène où un machiniste venait demander au metteur en scène de le laisser partir pour aller enterrer sa mère!

Le soir, Valentina Cortese nous invite tous à dîner pour fêter l'anniversaire de son géant de fils. Valentina a préparé avec amour le gâteau et les vingt et une bougies. Mais le géant refuse de les souffler : « Pas devant tout le monde, Maman, je t'en supplie. » Valentina, toujours excessive, s'effondre en sanglotant. A ce moment, le téléphone sonne : le chef opérateur et le cadreur ont eu un accident de moto. Sans leurs casques, ils seraient morts. On les a transportés dans un hôpital à Nice. Truffaut s'y précipite avec ses deux assistants. Sur la route, ils percutent une voiture. La leur est en miettes. « Tout cela est normal », constate Truffaut, le lendemain. Ce qui peut surprendre, c'est que, pendant le tournage d'un film, il n'y ait pas davantage de catastrophes, directes ou indirectes. Après tout, nous sommes cinquante. Chacun de nous a quatre ou cinq personnes qui lui sont chères. Comment espérer qu'il n'arrivera rien, pendant deux mois, à deux cents ou deux cent cinquante personnes? »

Truffaut avait, dans son caractère, de nombreuses facettes. A l'homme profondément généreux qu'il était, se superposait parfois un être plus complexe.

Comme il m'encourageait beaucoup à écrire, je lui apportai, un beau jour, un manuscrit que je venais de terminer. J'étais anxieux de connaître son opinion :

— Je sais que vous êtes très occupé en ce moment, aussi ne vais-je pas vous demander de lire les quatre nouvelles que contient mon bouquin, mais seulement la quatrième.

* Note de l'éditeur : Nicky Arrighi

C'est celle sur laquelle j'ai grand besoin de vos critiques.

Huit jours se passent. Il m'accueille par :

— J'ai vu votre première nouvelle : *La Pomme de son œil*. Épatant!

— Merci. Mais c'est la quatrième, *Yerbas* qui m'importe.

Huit jours plus tard :

— J'ai lu votre deuxième nouvelle : *Un déjeuner chez Lipp*. J'aime beaucoup.

— Merci François, mais c'est la quatrième que...

Huit jours plus tard.

— J'ai lu votre troisième nouvelle *Clea*. Quel style!

— Mais c'est la quatrième que...

Je n'ai jamais su ce que Truffaut pensait de ma quatrième histoire.

Quand arriva la scène du banquet d'adieu, où chacun de nous devait raconter une histoire, Truffaut me dit :

— Je n'ai rien écrit pour vous, car je voudrais que vous racontiez cette anecdote qui m'a fait tant rire dans vos souvenirs.

— Laquelle?

— Celle du bœuf miroton, voyons!

J'étais sidéré. Ce paragraphe où je mentionnais une discussion avec le metteur en scène de *La Porte du large*, au sujet du bœuf miroton, me semblait sans le moindre intérêt.

— Laissez-moi vous avouer que je suis surpris! Ce n'est vraiment pas le passage de mon livre dont je sois le plus fier!

— Vous n'y connaissez rien; c'est d'une drôlerie irrésistible...

Pendant une semaine, nous nous disputâmes à ce sujet. C'était devenu d'une importance hors de propos. Un combat d'où chacun jurait de sortir vainqueur!

Finalement, le jour où nous devions tourner la scène, je

pris Truffaut dans un coin, et, les yeux injectés de sang, je martelai :

— Écoutez-moi bien, François. Si vous aviez pondu cette anecdote, je la raconterais, même la trouvant stupide... Mais il se trouve que c'est moi qui en suis l'auteur. Je me sens donc libre de vous déclarer, de la façon la plus péremptoire, que c'est l'histoire la plus conne qui ait jamais été concoctée !

Truffaut éclata de rire, et s'inclina. Finalement, c'est Valentina Cortese qui, dans cette scène, raconta une histoire. Celle-là, j'en conviens, était drôle.

Un acteur se fait siffler pendant qu'il récite le monologue d'Hamlet.

Il s'arrête, s'avance vers le public et dit :

— Qu'est-ce qui vous prend ? C'est pas moi qui ai écrit cette merde !

De tous les metteurs en scène avec qui j'ai tourné, Truffaut fut certainement celui dont je me sentis le plus proche. Et, pourtant, il est le seul que je n'ai jamais tutoyé. Certes, je disais « vous » à Jouvet, mais j'avais alors vingt ans, Jouvet en avait le double. Je me refusais à l'appeler « Maître » ou « Monsieur » ou « Patron », mais comme il ne m'avait jamais proposé de l'appeler « Louis », en tête de mes lettres, je ne me servais d'aucune formule, et attaquais directement : « Comment allez-vous ? »

Avec Truffaut, c'était moi l'aîné. Peut-être m'eût-il appartenu de faire le premier pas. Je ne l'ai jamais fait. Il y avait en François quelque chose de si réservé, de si secret, que le « tu » m'eût semblé une agression, un viol.

En toutes circonstances, il sut me témoigner son amitié.

Quand mon autobiographie *Le Soleil et les ombres* parut en Amérique, il m'offrit d'en écrire la préface.

Nous nous rencontrions régulièrement, tous les quatre ou cinq mois. Il venait dîner chez moi, que ce soit à Paris ou à Hollywood. Il arrivait, sérieux, presque sur ses

126

gardes. Il lui fallait une dizaine de minutes pour se détendre, rétablir le contact, s'abandonner, rire... Chaque fois, je me laissais prendre à cette froideur initiale. Et puis, soudain, le déclic. La glace fondait, et je retrouvais sa chaude, attentive présence. J'essayais de le faire parler de lui, mais il aimait m'interroger sur mon passé, sur Cocteau, sur Guitry.

Un soir, il me demanda, avec un sourire énigmatique :

— Et Rossellini? Vous l'avez bien connu?

— Hélas, non, je ne l'ai jamais rencontré.

— Oh! que si...

— Oh! que non...

— Vous voulez parier? Non, vous perdriez. Vous souvenez-vous d'un film que vous avez tourné avec Assia Noris, à Rome, avant la guerre?

— Vaguement.

— Eh bien, Roberto Rossellini était le chauffeur qui vous conduisait de votre hôtel au studio!

Je n'en revenais pas! Ainsi donc, cet homme qui venait me chercher à l'aube, ôtait sa casquette, m'ouvrait la portière... Tout à coup, je me souvins lui avoir demandé, un beau matin, pour être poli, et d'un ton légèrement protecteur :

— Dites-moi, mon ami, le cinéma, ça vous intéresse?

Il avait marmonné un vague « Beuh... » empreint d'une indifférence absolue.

Secret, timide, silencieux, Truffaut ne s'anime, ne s'éclaire, ne s'attendrit qu'auprès d'une caméra ou d'une femme qu'il aime. Je soupçonne la caméra de lui offrir plus de joies que la femme.

« Je déteste les dîners mondains. Je souffre trop de voir huit ou dix personnes se parler et bouger, sans que je sois capable de diriger leurs gestes et leur dialogue. Si l'une d'elle coupe la parole à l'autre, j'en suis malade. J'ai envie de bondir et de désigner qui doit parler, et quand. Je ne peux pas accepter que, dans la vie, tout soit si mal mis en scène. »

Il a écrit quelque part qu'après sept heures du soir, il ne peut supporter que la présence d'une jolie fille, mais je suis persuadé que si Hitchcock, ou Renoir l'appelaient, il laisserait tomber la jolie fille pour les rejoindre!

Parce qu'il est avant tout un homme généreux, il sait admirer. Lubitsch, Buñuel, Sacha Guitry, Cocteau, Orson Welles... Que d'éloges il leur a consacrés! Difficile de croire qu'il fut un critique si violent à ses débuts. Mais le besoin d'admirer, comme l'amour, est impatient, et ne souffre pas de compromis.

Dès l'enfance, il rêva de films. « Quelquefois, mais rarement, dit-il, je séchais le cinéma, et j'allais traîner à l'école. » Dans *Les quatre cents coups*, Jean-Pierre Léaud s'enfuit d'une pension pour aller découvrir l'océan. La série des films sur Antoine Doinel est une synthèse de leurs deux enfances. Tous deux, des garçons rêveurs et révoltés. Il n'y a pas qu'en Amérique que des adolescents deviennent des rebelles « with or without a cause ». Je ne sais plus si c'est Truffaut ou Léaud qui a changé d'écoles douze fois, qui volait des disques de Ray Charles, qui fut arrêté pour dettes, qui déserta pendant son service militaire. De toute façon, c'est Antoine Doinel. Avec sa sauvagerie, sa sensibilité écorchée, ses escapades, ses enthousiasmes et ses désespoirs, et cette façon innocente de se moquer de tout le monde.

Je les imagine assez bien, Jean-Pierre, Antoine et François, costumés en Gilles de Watteau (un Watteau auquel Goya aurait ajouté quelques ombres) traversant, nez au vent, la place de la Concorde, sans prendre garde aux voitures, et, par quelque grâce, sans se faire écraser.

La grâce, cet état, cette disposition, cette essence inexplicable. En dépit de leur réserve ou de leurs ruses, Truffaut-Léaud-Doinel ont reçu la grâce en partage. Cocteau disait : « La beauté agit même sur ceux qui ne la constatent pas. » Que dire de la grâce ? Pierrot, sur son fil d'archal, n'avance pas du même pas que le Matamore. Même meurtri, c'est Pierrot qui gagne à tous les coups, parce qu'il y a des prodiges pour les rêveurs, pour les fous...

Bien sûr, d'autres aventures suivirent celles d'Antoine Doinel, mais la rencontre d'un Truffaut encore jeune découvrant cet enfant « qui lui ressemblait comme un frère » n'arrivera jamais plus. Il y avait, dans cet accord, une osmose, une harmonie, un miracle mélancolique...

« J'ai encore une trentaine de films à tourner dans les années à venir », disait François. « Certains auront du succès. D'autres pas. Peu importe. L'essentiel, c'est de les tourner... »

Un jour, pendant *La Nuit américaine*, il écrivit rapidement quelques lignes qu'au dernier moment, il ajouta à mon personnage : « Sur les quarante films que j'ai tournés, je suis mort dix-huit fois : deux pendaisons, une électrocution, sept accidents de voiture, trois suicides... J'ai été fusillé, noyé, poignardé, mais, curieusement, je ne suis jamais mort de mort naturelle... Au fond, je trouve ça très bien parce que, pour moi, la mort n'est pas naturelle... »

Comme vous aviez raison, François ! A cinquante-deux ans, quand on a votre cœur, et votre soif de vivre... la mort n'est pas naturelle...

Quatrième Partie

HOLLYWOOD

En 1950, Hollywood était à l'apogée de sa gloire, de ses « parties » démentes, et de ses palmiers enrobés de dollars.

Dix ans plus tard, le Hollywood de Papa avait disparu. Ou plutôt de plusieurs papas, monarques absolus, tels Louis. B. Mayer, Zanuck, Goldwyn, Warner, et Harry Cohn qui répondait quand on lui demandait de ses nouvelles : « Je n'ai pas d'ulcère. J'en donne. »

Les studios de la grande époque tenaient de l'hospice, de l'usine et de la caserne. On abordait des blockhaus de béton, après avoir montré patte blanche aux flics armés qui en gardaient l'entrée. Les « Executive Producers » avaient le droit de garer leur voiture à l'intérieur de l'enceinte, devant leur bungalow. De là, ils empruntaient un petit véhicule électrique pour aller soumettre leurs projets au « Head of Production », ponte suprême qui, seul, avait le pouvoir de décider quel film serait mis en chantier, quels en seraient le metteur en scène et les acteurs. Les metteurs en scène avaient moins de pouvoir encore que les producteurs. En dehors de « Motor » et de « Cut », il ne leur était guère permis d'émettre la moindre indication.

Un acteur souhaitait-il changer un mot de son dialogue, il fallait que le réalisateur demandât l'autorisation des auteurs, qui demanderaient l'autorisation de leur producteur, qui demanderait l'autorisation de son « Executive. » Cela faisait un va-et-vient d'une heure ou deux pour autoriser Spencer Tracy à dire « Hy » au lieu de « Hello ». Clark Gable avait créé une révolution en insistant pour dire à la fin de *Autant en emporte le vent* : « Frankly, my dear, I don't give a damn. » *.

Dans l'immense cantine qui brassait chaque jour au déjeuner les milliers d'employés du studio, on voyait rarement les stars, dont la plupart ne mangeaient pas, pour ne pas grossir. Ginger Rogers dormait. Joan Crawford écrivait à ses fans. Clark Gable se faisait apporter les cours du « Stock Exchange » et Errol Flynn quelques consentantes pucelles.

Chaque samedi soir, les producteurs et les stars donnaient une « party ». Celui qui gagnait dix mille dollars par semaine n'aurait pas songé à inviter, quelles que fussent ses vertus, celui qui n'en gagnait que cinq.

Personnellement, je n'ai jamais eu à souffrir de cet ostracisme. Parce que j'étais français, on me considérait un peu en marge du système. La première fois que je fus invité, ce fut chez mon agent. Sur les murs de son salon, on pouvait voir des Monet, des Vlaminck, et un superbe Marie Laurencin représentant deux ondines enlacées se tenant par la main. Après le dîner, il nous invita à visionner l'un des nouveaux films. On nous assit face au Marie Laurencin. Les lumières baissèrent, et je vis soudain le Marie Laurencin lentement, se séparer en deux. Tirées par d'invisibles filins, les deux ondines, de moins en moins enlacées, s'écartaient, glissant l'une vers la droite, l'autre vers la gauche, laissant l'écran apparaître entre elles. La découpure suivait la courbe des bras et des mains des personnages, comme si notre hôte avait voulu prouver qu'il gardait un respect éclairé pour les œuvres d'art...

Bien que tout parût facile et prospère, les habitants de cet Eden retranché vivaient dans la peur. Peur de perdre

---

* Note de l'éditeur : « Franchement, ma chère, je m'en fous. »

leur emploi, peur des commères (Louella Parson et Heda Hopper) qui bâtissaient et détruisaient les carrières, peur du scandale et du non-conformisme. Les magazines spécialisés versaient le baume ou déclenchaient la panique.

D'une part, *Silver Screen, Motion Pictures* et autres *Photoplays,* dont les articles étaient dictés par les studios. Pas une vedette qui ne s'y conduisît comme une sainte. Il y avait les vierges (Olivia de Haviland, Loretta Young,) les mères de famille exemplaires (Ingrid Bergman, Lana Turner), les dévotes (Irène Dunne, Ann Blyth), les femmes fatales (Marlène, Hedy Lamar, Lauren Bacall). Les hommes étaient tous rudes, mais tendres, style Clark Gable ou John Wayne. Il y avait quelques intellectuels (Edward G. Robinson, Charles Boyer). Il y avait les « Boys next door », d'affreux jojos, toujours prêts à rendre service (Van Johnson, Mickey Rooney, Tab Hunter). Enfin, les héros de la guerre : le colonel Zanuck, le colonel Litvak, le colonel Robert Taylor...

D'autre part, florissait la presse à scandale qui se nourrissait des ragots de maîtres d'hôtel et de photos arrachées au télé-objectif. Les vierges devenaient des putes, les mères de famille martyrisaient leurs enfants, les pieuses se saoulaient. Le même jour, on pouvait s'attendrir dans *Photoplay* sur le couple idéal formé par X et Y ou découvrir, dans *Confidential* que X rouait Y de coups et que Y le trompait à longueur d'année. Les victimes n'osaient pas poursuivre, de peur que *Confidential* ne déterre encore d'autres scandales.

Mais qu'étaient ces vétilles, par rapport à la lèpre qui rongeait l'Amérique : la peur panique, irraisonnée, du communisme. Toute tendance libérale était suspecte. Il devenait un devoir de dénoncer son voisin, comme aux jours les plus sordides du nazisme.

Le Goebbels d'Outre-Atlantique s'appelait McCarthy. Il était sénateur du Wisconsin. Il avait entrepris cette

135

croisade en 48 ou 49, mais dès 45, alors que l'Amérique était encore l'alliée de son frère d'arme, l'U.R.S.S., des ratés et des imbéciles avaient amorcé une campagne d'intoxication. A peine démobilisé, j'avais commencé un film avec Ginger Rogers et Adolphe Menjou. Eh bien! cet acteur pompeux, doté de moustaches en virgules qui ne ponctuaient rien, faisait circuler des listes de suspects qui devinrent peu à peu autant d'accusations sinon de preuves contre ceux qui ne pensaient pas comme lui.

Et quand McCarthy, escorté d'un entourage visqueux, commença à diriger ses foudres vers la Californie, on assista au plus lamentable déballage de lâchetés. Des metteurs en scène respectés n'hésitèrent pas, pour se dédouaner, à accuser leurs meilleurs amis. Les Moguls des grands studios, terrifiés, établirent des listes noires, sacrifiant des acteurs de second plan contre la promesse qu'on ne toucherait pas à leurs vedettes... Seul, Sam Goldwyn fit preuve de courage et refusa de renvoyer qui que ce soit. Certains suspects, tels Losey ou Dassin, préférèrent l'exil. Des acteurs cotés se trouvèrent sans emploi. Des écrivains célèbres durent travailler sous un faux nom. Cette tragédie dura cinq ans, jusqu'au jour où McCarthy s'attaqua à l'armée. Cette fois, il était allé trop loin. Cinq millions de téléspectateurs le virent s'écrouler, bégayant, la haine à la bouche. Il mourut peu après, mais son règne avait causé le désespoir, voire le suicide, de plusieurs de ses victimes.

La lente agonie de Hollywood avait commencé. La télévision, méprisée au début, précipitait le bouleversement des mœurs. Cinq mille salles de spectacles disparaissaient.

Certes, on ne peut traiter de stérile une décennie où éclatèrent Marilyn Monroe et James Dean, Marlon Brando et Montgomery Clift, une décennie où s'affirmèrent de jeunes loups avides d'indépendance : Stanley Kubrick, Elia Kazan, Fred Zinnemann, George Stevens, Nicholas Ray, Arthur Penn et d'autres. Mais le nombre des spectateurs diminuait inexorablement. L'inflation du prix de revient, la censure, la loi anti-trust qui interdisait aux studios de distribuer les films qu'ils avaient produits, la vogue des films européens, la découverte des décors naturels contribuaient, en plus de la télévision, à sonner le glas des années fastes.

Paramount se vendait à la Gulf and Western. Les plateaux de la Warner devenaient des parkings, des super-markets. Entre les temples hindous de carton pâte poussaient des armatures de puits de pétrole. Les grands patrons disparaissaient, soit qu'ils fussent morts, soit qu'ils traînassent entre Cannes et Deauville, avant de revenir vers des épouses qui les attendaient, Pénélopes en bigoudis, à Palm Springs...

Encore dix ans, et Hollywood renaîtrait de ses cendres. Un Hollywood les pieds sur terre, plus efficace que jamais, où les grands studios servent de hangar aux émissions de télévision.

« Je n'ai que faire de la réalité, s'écriait Tennessee Williams, je veux de la magie. »

GRETA GARBO

Cette magie, sans doute à jamais disparue, nulle ne l'incarna mieux que Greta Garbo.

Insaisissable, mystique, à la fois victime et prêtresse de ses charmes, androgyne, érotique et insatisfaite, vulnérable et dure, ondine en mal d'océans engloutis, chevalier errant, à la recherche d'un Graal qu'elle n'atteignit jamais...

Jean Cocteau l'avait baptisée : « L'énigme des énigmes ». On eût dit qu'il avait écrit pour elle le rôle du Sphinx, dans *La Machine Infernale*.

Un soir que Cocteau et moi devions sortir ensemble, et que je lui demandais : « Où allons-nous ? », il me répondit :

— Où veux-tu que nous allions, mon chéri ? Tu as parfois de ces questions ! Nous allons voir Garbo, naturellement...

Il y allait tous les jours, alternant *la Reine Christine* et *La Dame aux camélias*.

— Mon Dieu, pourvu qu'elle joue bien ce soir, ajouta-t-il avec inquiétude.

Ce visage osseux, ce rauque accent ont, sur l'écran, une extraordinaire présence. On dirait qu'elle le perce, cet écran, et qu'elle se livre à nous comme au théâtre, si près de la rampe que nous pourrions la toucher. D'où la réflexion de Cocteau. Ses boutades les plus hardies sont toujours empreintes de vérité.

Garbo nous caresse, nous enlace, puis elle fuit. Elle semble alors traverser l'écran en sens inverse, comme le miroir d'Orphée. C'était une femme éperdue, et c'est maintenant le fantôme de cette femme, tant son génie, parfois, est fait d'irréalité. Elle semble apparaître en surimpression... La magie.

Des années plus tard, j'arrivai à Hollywood. J'eus la chance d'y être invité, dès la première semaine, par tout ce que Bois de Houx – c'est la traduction correcte : Wood signifie « bois » et « Holly » avec deux L, signifie « Houx » – tout ce que ce Landerneau du Pacifique abrite de plus séduisant. Lundi, chez Joan Crawford, Mardi chez Hedy Lamarr, Mercredi chez Gene Tierney, etc. A cette époque, un jeune Français, baragouinant quelques mots d'anglais et possédant un smoking, était reçu à bras ouverts. Cependant, si quelques-unes de ces beautés m'émouvaient, il n'y en avait qu'une que je souhaitais ardemment rencontrer : Greta Garbo.

Je n'y parvenais pas, mes belles amies n'ayant pas le moindre désir de me faire connaître la plus secrète, mais aussi la plus attirante de leurs rivales.Plus tard, quand je tournai *The Cross of Lorraine* à la M.G.M., je me cachais dans l'espoir de la voir apparaître, au détour d'un couloir ou devant sa loge, l'entrée du plateau où elle opérait étant interdite. Peine perdue.

Prenant un verre avec quelques-uns des machinistes, j'essayai de les faire parler. D'un ton dégagé, je demandai :

– Comment est-elle dans le travail, Katharine Hepburn ?

– O.K.

– Et Bette Davis ?

– O.K.

– Et... (ma voix s'étranglait) et Garbo ?

Une terreur religieuse s'emparait d'eux. Ils changeaient de conversation. Pour un peu, ils se seraient signés.

Même Charles Boyer, qui tourna avec la Divine un film sur Napoléon et Marie Walewska, se contenta de sourire tendrement à l'énoncé de son nom, sans me donner la moindre réponse. On eût dit que ce sujet particulier était tabou.

140

C'était un bar tenu par des noirs où les musiciens des boîtes de nuit, leur travail terminé, se réunissaient, vers quatre heures du matin, et, entre deux piquouses, jouaient pour leur plaisir. La salle, petite et basse, était enfumée. L'odeur des joints se mêlait à l'ombre... Nous étions mes amis et moi, les seuls blancs. Du moins le croyions-nous. Nous nous laissions griser par la force et la sensualité de cet orchestre improvisé, par l'incantation d'une musique qui était une drogue plus forte peut-être que les autres. Une noire endormie gisait, penchée hors de son fauteuil, la tête renversée sous la cymbale. L'homme qui en jouait cognait à un rythme féroce et régulier, de grands coups vibrants, qui décapitaient, sans la réveiller, la belle endormie... S'habituant à l'ombre de cette antre, mon regard finit par découvrir une étrange créature, affublée d'un chapeau qui la recouvrait comme une tente et d'un manteau où elle s'enfouissait frileusement, alors qu'on étouffait de chaleur. De temps en temps, pour respirer, la femme laissait apparaître un bout de nez effrayé...

Cet amas d'oripeaux, cette esquimaude en panique... c'était Greta Garbo.

Une autre fois, je l'aperçus. Dans la pénombre encore, comme si c'était son élément. A une séance de spiritisme, quelque part dans Greenwich Village.

Un loft poussiéreux est le haut lieu choisi par les esprits pour se manifester. Un homme ivre et bégayant, Bill, sert de truchement entre les ombres et nous. Il prend soin de dévisser les ampoules, de fermer les volets. Il pose sur une table une sorte d'entonnoir. Nous attendons dans l'obscurité. L'homme nous interdit de plaisanter, les esprits ne goûtant ni l'ironie, ni l'incrédulité. Pas même la boutade anodine pour passer le temps. Au bout d'une demi-heure, je sens un frôlement sur mon genou. Est-ce le mage qui devient familier? Est-ce ma voisine, qui, hélas, n'est pas Garbo? Est-ce, enfin, l'esprit? L'entonnoir, devenu phosphorescent, se met à valser dans les airs.Des souffles avinés nous frôlent.

– Esprit, qui êtes-vous? demande anxieusement l'organisateur de ces festivités.

Dans un souffle, l'esprit murmure :

– Oua... oua...

– Oua oua quoi?

– Oua... oua... ouash...

– Washington... c'est Washington, proclame Bill, triomphalement. Alors, George, ça va?

– Oua... oua...

– Content d'avoir été le premier Président des États-Unis?

– Beuh...

C'en était trop. Garbo se leva, et, rasant les murs, disparut dans la nuit...

Et puis... et puis, un beau jour, ma grande amie Salka Viertel m'appela. Je l'avais connue à la M.G.M. où elle écrivait des scénarios. C'était une femme cultivée et tendre qui réunissait chez elle tout ce que l'intelligentzia européenne comptait d'écrivains, de musiciens, de peintres de talent. Contrairement aux autres soirées hollywoodiennes, les siennes étaient enrichissantes pour l'esprit.

Ce jour-là, et d'une voix mystérieusement assourdie, elle me demanda de passer la voir, non pas le soir, comme d'habitude, mais à cinq heures de l'après-midi. Intrigué, j'arrivai chez elle, dans une maison de Pacific Palissades d'où l'on apercevait la plage de Santa Monica. Salka m'embrassa et, en tremblant, me confia dans le creux de l'oreille, en prenant bien soin que le moindre domestique ne puisse nous entendre :

– Elle va venir.

– Qui, elle?

– Elle, murmura Salka d'une voix hagarde, ELLE...

Quelques instants plus tard, je me trouvai frappé par la plus radieuse apparition.

Accompagnée de deux lévriers, cheveux au vent, son corps sec moulé dans un pull-over et une paire de blue-jeans, sans une trace de poudre ni de rouge, surgit Greta Garbo. Elle ne ressemblait en rien à la créature décharnée et apeurée que j'avais aperçue de nuit. Elle était belle, et jeune, fière, éthérée...

Muet, je la contemplai longuement, comme on contemple, au musée, un chef-d'œuvre.

Une camériste apporta le thé. Salka et elle parlèrent de choses et d'autres. J'étais trop occupé à regarder, pour écouter. Soudain, alors qu'elle n'avait pas semblé me prêter la moindre attention, elle se tourna vers moi, et laissa tomber :

– J'ai l'intention de tourner un film sur George Sand. Cela vous amuserait-il de jouer Alfred de Musset ?

Avant que je puisse répondre, elle se lève. Silencieuse, impondérable, les deux lévriers l'encadrant, elle repart dans le soleil et dans le vent...

Étrange vision... Il y avait si longtemps que je rêvais de la rencontrer! Elle m'était devenue si intangible, si désincarnée, si chimérique que j'en étais arrivé à me demander si elle existait...

Je continue à me le demander.

MARLON BRANDO

C'était en 1946. Je déjeunai à New York avec Jack Wilson qui souhaitait me faire jouer *Design for Living*.Jack avait épousé l'une des plus belles femmes du monde, Nathalie Paley, qui était la nièce du Tsar. Ce jour-là, il ne s'agissait pas d'évoquer la révolution d'Octobre, dont il se fichait comme de sa première isba, mais *L'Aigle à deux têtes*, la pièce de Cocteau qu'il produisait. Tallulah Bankhead, la star la plus controversée de Broadway, la plus singulière, la plus orageuse, et, parfois, la plus géniale, devait interpréter le rôle de la Reine. Je demandai à Jack qui jouerait le rôle de Stanislas. Il émit, tout en dégustant son troisième martini, un soupir frénétique :

— Ah! Ne m'en parlez pas! Je viens de vivre des semaines atroces... J'avais engagé un garçon que des amis m'avaient chaudement recommandé. Une belle gueule, si l'on veut, et si l'on aime les boxeurs renfrognés, mais, à part ça... nul. La nullité totale, vous m'entendez... Dès la première répétition, j'ai compris que nous courrions à la catastrophe : salingue, un blouson défraîchi, des bottes boueuses, ne disant bonjour à personne, grommelant son texte sans qu'il soit possible, du premier rang, d'entendre une seule syllabe... Et voilà que Tallulah, à qui il n'avait jamais adressé la parole, décide de coucher avec lui. Et voilà cet imbécile qui refuse! Il ne manquait plus que ça! Malgré tout, j'essaye de le faire travailler. Il me regarde, hébété, en se grattant, comme s'il avait des morpions sur tout le corps. Une semaine avant la générale, j'ai dû le foutre à la porte. Il était ravi. Moi pas. Il a fallu tout recommencer à zéro. Par bonheur, j'ai trouvé un acteur de grand talent, Helmut Dantine. Celui-là, vous verrez, il deviendra une star.

— Et l'autre?

— Je vous parie qu'on n'entendra plus jamais parler de lui.

— Comment s'appelle-t-il?

— Marlon Brando.

Quinze ans plus tard.

Je répète à Los Angeles *Incident à Vichy* d'Arthur Miller. Ma fille Tina, et Christian Marquand, son mari pour quelques semaines, m'emmènent dîner chez Marlon Brando.

Manoir simili japonais au sommet d'une colline qui fait office de montagne. Des brumes flottent à l'entour, avec une telle ordonnance qu'on les croirait organisées par le maître des lieux.

Une grille électronique s'ouvre à regret. Fort Knox, ou le Pentagone? Deux molosses et un guépard cauteleux nous accueillent. Accueillent? Le mot est excessif. Ils nous reniflent, grognent, et, pour l'instant, semblent nous tolérer.

Quelques autres obstacles à surmonter, et nous voilà en présence de Brando. Il est allongé sur une natte. Ce qui me frappe, au premier abord, c'est qu'il est gras. Sans doute pressent-il mon opinion, car il s'écrie, en guise de bonjour : « I am fat. »

Sans plus se préoccuper de nous, il répond au téléphone. Un téléphone sans fil, comme il y en a beaucoup aujourd'hui, mais qui, à l'époque, ne manquait pas d'étonner. Des haut-parleurs lui permettent d'entendre son correspondant sans avoir à tenir l'appareil. « Bien commode pour se masturber pendant qu'on parle », commente-t-il. Pour le moment, il s'abstient de cette pratique. A regret, semble-t-il. En revanche, il nous fait

146

profiter des confidences les plus hardies d'une de ses amoureuses. La malheureuse ne se doute pas que de parfaits étrangers entendent ses révélations intimes et passionnées. Cela me gêne, encombré que je suis de pudeur latine, mais quoi, il faut bien s'adapter au progrès!

Nous passons à table. Ou plutôt, nous nous asseyons par terre. Marlon s'installe, jambes croisées. Il est vêtu d'un caftan. Un Bouddha doté d'une gueule d'empereur romain. Néron? Tibère? On pressent l'incendie imminent de Rome, les fauves, les incestes... Envers moi, fraternel et secret. Je fais déjà partie des meubles. J'aimerais l'entendre parler de ses rôles, de sa carrière, de sa vie, mais il n'est pas d'humeur loquace. Il n'est jamais, d'ailleurs, paraît-il, d'humeur loquace.

Mes dix heures de vol, et les neuf heures de décalage me font tomber de sommeil. Marlon m'offre un divan pour m'y reposer. J'y vais somnoler, tandis qu'il fume quelques joints avec ma fille et mon gendre. A minuit, ils me réveillent, et nous partons. Passé les grilles du bunker, une goulée d'air frais me ranime, comme si je venais d'échapper à l'antre d'un sorcier.

Un sorcier que la chance et l'instinct ont guidé à travers la carrière la plus fulgurante et la moins conventionnelle. Cette carrière, un « joke » local pourrait en cerner les limites :

Le producteur : – Qui c'est, Marlon Brando?

Dix ans plus tard : – Il me faut Marlon Brando à tout prix.

Vingt ans plus tard : – Il me faudrait un Brando jeune.

Trente ans plus tard : – Qu'est-ce qu'il est devenu, Brando?

Il est devenu un personnage aussi important qu'imposant, qui se bat pour rendre aux Indiens leur dignité, qui fait des enfants à de jeunes et diverses eurasiennes, et qui vit en ermite sur un atoll parmi les îles « Sous-le-Vent » qui méritent bien leur nom puisque les cases qui forment l'habitation de Marlon furent récemment soufflées par un raz de marée.

Mais où sont les neiges d'antan?

Où est le garçon viril et sensuel du *Tramway nommé Désir*?

Où est le bel animal luisant de *l'Equipée sauvage*?

Il est devenu, magnifiquement, l'homme blessé du *Dernier Tango*, puis l'inoubliable chef de la maffia du *Parrain,* puis le monstre ténébreux d'*Apocalyse Now...*

Et puis... Et puis, il a disparu. Ecrasé sous des trombes d'or, fatigué des bravos... écœuré d'un succès qui ne l'émeut pas.

« L'homme est un Dieu déchu qui se souvient des cieux... »

Marlon est un marin déchu qui se souvient des mers. Il est parti à la recherche de son identité, de sa solitude. Ce n'est pas qu'il crache dans la soupe royale qu'Hollywood lui a servie. C'est qu'il n'aime pas la soupe. Il préfère cueillir des coquillages irisés...

ANNA MARIA PIERANGELI

Elle courait, telle un elfe, à travers les dédales de la M.G.M. Elle était légère et lumineuse, et tellement belle qu'elle aurait fait trembler ceux qui l'apercevaient, n'eût-ce été un éclair de malice qui donnait son poids d'humour et de coquetterie à un sourire de Joconde.

A l'écran, ce sont surtout sa douceur, son innocence, sa candeur qu'on exploita, et c'est pourquoi, les années passant, on fit moins souvent appel à elle.

Mais, dans la vie, c'était bien ce mélange de sensualité et de pureté qui lui enchaînait tous les cœurs.

A l'époque où je l'ai rencontrée, elle avait dix-huit ans. Elle venait d'être découverte par de Sica. Hollywood était à ses pieds et Jimmy Dean à ses genoux. Deux ans plus tard, se trouvant à Paris, elle vint me voir jouer *Les Pavés du ciel* à la Comédie Caumartin. Elle arriva dans ma loge, accompagnée de sa sœur jumelle. Elles me regardaient me maquiller, toutes les deux si jeunes, si belles et si différentes. Anna, éclatante et spontanée, Marisa, secrète et grave.

Quand elles entraient ensemble dans quelque endroit, à première vue c'était Anna qui attirait l'attention. Puis, on découvrait Marisa et on ne pouvait plus se détacher de son regard. Son intense et sombre beauté surpassait alors les grâces insouciantes de sa sœur.

Silencieuse, Marisa se tenait dans un coin de ma loge. J'aurais pu lui dire, comme le Jupiter de Giraudoux : « Cette pudeur, cette gravité, qui, sur les autres, sont aussi étrangères que des vêtements, elles sont ta nudité, ton cœur. » Mais je ne lui dis rien.

149

Le lendemain, les deux sœurs repartaient pour Hollywood. Je les accompagnai à Orly.

Deux années passèrent, avant que je ne les retrouve à
Hollywood. Anna avait épousé Vic Damone, un crooner
italo-américain qui roucoulait sur les traces de Sinatra.
Son bonheur fut de courte durée. Quand Marisa et moi
nous nous mariâmes, Anna fut le témoin de sa sœur.

J'étais fasciné par les liens étranges qui unissent des
jumelles. Si différentes, si opposées soient-elles, il existe
entre elles un cordon ombilical que rien ne peut trancher.
Leurs destins sont, souvent, parallèles. Éloignées l'une de
l'autre, des antennes les relient. Elle ne se font guère de
confidences. Elles ne se demandent pas conseil. Et
pourtant, une chaîne les rive l'une à l'autre.

Anna était repartie pour son Italie natale. Nos rencontres devinrent espacées : une télévision à Rome, où nous
chantions et dansions tous les trois sur l'air de *Tea for Two*,
un week-end à Capri, des séjours tumultueux à Paris, un
second mariage, deux enfants, quelques films, quelques
amours sans lendemain... L'éclat faisait place à la mélancolie. La gaieté devenait forcée. La tristesse avait des sons
fêlés de désespoir. En vain sa mère, ses sœurs, ses enfants,
ses amis essayaient-ils de lui offrir un équilibre. L'équilibre
n'était ni son lot, ni son ambition...

Comme toutes celles qui ont connu une gloire trop
soudaine et trop violente, comme toutes celles qui
avaient plus de talent que ce qu'on exigeait d'elles,
comme toutes celles qui s'enivrent de leurs rêves, et se
refusent à regarder en face la réalité, elle s'est éteinte à
trente-huit ans, sans que l'on sache exactement pourquoi.
Ce genre de jeunes femmes ne meurent d'aucune maladie
précise. Elles meurent de désanchantement... Amour
d'un homme qu'elles n'ont pas su garder... d'enfants qui
s'échappent... d'une carrière qui se lézarde... Anna,
comme tant d'autres, est morte de fatigue, de projets qui
n'aboutissaient pas, d'espoirs déçus...

Les roses ne durent qu'un matin.

Les stars blessées ne vivent guère plus longtemps...

YUL BRYNNER, TYRONE POWER
ET PAUL-LOUIS WEILLER

1950. Chez Paul-Louis Weiller, dans l'Hôtel des Ambassadeurs de Hollande.

Minuit. Un jeune chanteur. Slave, maigre, chauve, un regard aigu, des lèvres ourlées. Il gratte une guitare. On l'applaudit poliment.

Il n'est pas le seul, loin de là, que Paul-Louis Weiller aide, encourage, recommande, et à qui il offre l'occasion de se faire connaître. Paul-Louis est le dernier mécène. Un seigneur. Un condottiere. Un des rares hommes qui sache jouir de sa fortune, et en faire profiter ceux qui en semblent dignes. C'est vers ceux-là qu'un instinct sûr le guide.

Que faut-il, pour en être digne? Il suffit d'avoir du talent. Ou d'être jeune. Ou d'être beau. Ou d'être drôle. Ou d'avoir réussi, ce qui prouve qu'on est jeune, et drôle, et beau, et qu'on a du talent.

Un profil crochu, une voix modulée, une dignité tendre. Tel se montre cet ancien commandant d'aviation, cet homme d'affaire international qui masque, sous les fastes de Casanova, la charité d'un abbé Pierre. Un abbé Pierre aux manières raffinées, qui pense – tel Lafcadio – que le spectacle de son bonheur est plus utile que de vaines lamentations sur le sort des déshérités. Il faut voir avec quelle élégance il mêle, à des réceptions dignes du grand Roy, des ministres et des starlettes, des princes du sang et des étudiants, un Président en exercice et des contestataires. Le style de Paul-Louis fond ces éléments insolites, rend ces rencontres fructueuses. Que ce soit en costume de bain sur la côte d'azur, (à quatre-vingts ans il faisait du monoski et, plus tard, de la planche à voile), en chandail à Neuilly, ou en habit d'académicien dans son hôtel du Marais, il glisse entre ces groupes disparates avec une bienveillance qui n'exclut pas l'ironie. Avec persuasion. Avec panache. La plus belle de ses nombreuses propriétés est *La Reine Jeanne*, à Brégançon. Une plage et un port privés jouxtent le château, domaine du Président de la République. On y descend, à travers des jardins dessinés par quelque Le Nôtre provençal. Nous y passâmes d'heureuses vacances. Marisa s'apprêtait à tourner un film à Madrid. J'apprenais les chansons de *Tovarich* que je devais créer à Broadway quelques mois plus tard. Sur la demande de Paul-Louis, nous avions amené Tina avec nous. On peut imaginer les ravages que cette superbe fille de seize ans causa parmi les jeunes (et les moins jeunes) hommes, invités à *La Reine Jeanne*. Ravages qui ne sont rien comparés à ceux que suscitèrent en Tina la découverte de son pouvoir sur les mâles, de ses attraits, de ses charmes... Mes nuits se passaient à sa recherche, essayant de préserver une virginité chancelante. D'autant plus – je le découvris plus tard – qu'elle avait chancelé bien avant ce séjour estival. Ses robes d'écolière sage avaient tourné quelques têtes tout autant que ses bikinis. Je jouais les pères outragés, ce qui n'était guère mon emploi, et ne parvenais qu'à me rendre ridicule. Que n'avais-je l'heureuse sérénité de Colette, qui se contenta, en des circonstances tout aussi ardues, de dire à sa fille (Bel-Gazou avait alors seize ans) : « Te voilà arrivée à l'âge de faire des conneries. Du moins fais-les avec enthousiasme... »

Nous remontions de la plage où Paul-Louis nous avait éblouis de ses arabesques nautiques, quand, je ne sais pourquoi, je lui demandai :

– Qu'est devenu ce garçon qui jouait de la guitare, il y a cinq ou six ans, dans tes salons?

– Ah! Tu veux parler de Yul. Il a fait un tas de métiers : trapéziste, machiniste chez les Pitoëff au Théâtre des Mathurins... Que sais-je? Aujourd'hui, il est en train de conquérir Hollywood. Cela ne m'étonne pas outre-mesure, d'ailleurs.

Le film que Marisa devait tourner s'intitulait *Salomon et la Reine de Saba*. La reine était Lollobrigida, le roi Tyrone Power. Hélas, Tyrone mourut après trois semaines, d'un arrêt du cœur.

Je connaissais Tyrone depuis des années, alors qu'il était marié à Annabella. Plus tard, il y eut Linda Christian, deux enfants, une maison hispano-mauresque sur Capa de Oro *.

J'aimais Tyrone, sa gentillesse, sa candeur qu'il abritait sous un sourcil ombrageux. Pendant la guerre qu'il fit dans l'arme la plus dure, les Marines, il avait mûri. Le beau jeune homme romantique et pur de ses débuts était devenu un homme plus solide, plus sauvage, sans rien perdre de son ingénuité.

Ce soir-là, nous avions assisté à la projection d'un de ses films, *Witness for the Prosecution* de Billy Wilder. Puis nous étions allés souper avec lui et Debby, sa troisième femme qui attendait un enfant. Nous bavardâmes jusqu'à deux heures du matin, et nous nous quittâmes de joyeuse humeur. Il devait se lever tôt, et tourner, à huit heures, une scène de duel avec George Sanders. A huit heures un quart, il était mort. Un effort musculaire trop brusque, et son cœur avait cessé de battre. Pour ajouter l'horreur à la tristesse, il nous fallut être témoins d'une scène où le maquilleur du studio et celui des pompes funèbres se disputèrent l'honneur d'ajouter un peu de rose aux pommettes du défunt...

Quelques jours plus tard, on vit arriver aux studios de Madrid un satrape fastueux suivi d'une cour empressée. Un chapeau tyrolien, des bagues, un manteau trop large en poil de chameau. Deux secrétaires, un photographe personnel, un valet de chambre, un attaché de presse, et au milieu de tout cela, des pommettes mongoles, une

* Note de l'éditeur : quartier de Beverly Hills.

bouche avide, un regard qui sait être terrible ou s'adoucir romantiquement.

Vautré sur un trône, dans le décor de *la Reine de Saba*, le satrape s'impatiente : « Qu'est-ce que je dois dire? ». Pour sept cent mille dollars, il a jugé inutile d'apprendre son texte. Un claquement de doigts : on se précipite pour tendre une cigarette. Un autre claquement de doigts : le secrétaire fait craquer une allumette. Une bouffée ou deux, languissamment lancée vers un ciel reconnaissant. Un troisième claquement de doigts : le valet de chambre s'incline et cueille le mégot.

Le jeune et pauvre gratteur de guitare et, aujourd'hui, cette idole barbare, sont le même homme : Yul Brynner.

– Je ne veux pas de lui, déclara l'agent de Lollobrigida, le lendemain de la mort de Tyrone Power. Mon contrat précise que le partenaire de Madame Lollobrigida est Tyrone Power, elle ne jouera pas sans Tyrone Power.

– Il est mort.

– Je ne veux pas le savoir.

– On vous propose Yul Brynner pour le remplacer.

– Connais pas.

Yul se chargea bien vite de se faire connaître!

Si les échos de sa naissante gloire n'avaient pas encore atteint l'agent de Madame Lollobrigida, il n'en était pas de même à New York, où Yul triomphait, à moitié nu, dans *The King and I*.

Il était né on ne sait où, aux confins de la Sibérie et du Kamtchatka. D'où ce faciès asiatique qui, pour tout autre, eût été un handicap. La chance de Yul fut qu'on chercha, à l'époque, un homme de type oriental pour figurer le roi de Siam. J'imagine le soulagement des producteurs quand ils virent arriver cet étrange garçon, issu de régions inconnues, avec ses muscles et son regard noir... Ce rôle du roi de Siam, il devait le reprendre tout au long de sa carrière.

Et nous voilà avec Yul, dans ce même restaurant où, huit jours plus tôt, nous avions soupé avec Tyrone quelques heures avant sa mort. Il nous faut lutter pour effacer son tendre fantôme... Yul est son contraire. Aussi flamboyant que Tyrone était réservé. De sa cour, il n'a amené avec lui qu'une fille brune aux yeux de gitane, à qui il ne prête guère attention. Sans regarder le menu, il commande des « criadillas ».

– Qu'est-ce que c'est?

– Des couilles de taureau.

J'aurais dû m'en douter. Le « macho » qui sévit en Yul ne saurait se nourrir que de couilles de taureaux.

– As-tu jamais pensé, me demande-t-il, à la fragilité des testicules, qu'il s'agisse des nôtres ou de celles des taureaux?

– Ben, voyons... j'y pense tout le temps...

– Réfléchis. Nos autres organes, beaucoup moins essentiels, sont infiniment mieux défendus. Le crâne s'abrite derrière une armature osseuse. Le thorax est comprimé dans un corset qui le protège, tout en protégeant le foie, la rate... Là où l'os fait défaut, les artères et les veines nous cuirassent... Seules, nos deux pauvres couilles se baladent monotonement – ah! ce trajet, toujours le même, de la cuisse gauche à la cuisse droite, et vice-versa... Elles pendent dans le vide, en n'ayant pour défense et pour revêtement qu'un morceau de peau fatigué. Le moindre étui à lunettes offre plus de résistance! Voilà donc cet organe, qui devrait être le plus noble, le plus respecté, le plus fêté, puisqu'il est le seul qui crée la vie, à la merci du moindre coup de pied, d'une chute, d'une bagarre... Dieu a-t-il jamais songé qu'on peut continuer à engendrer sans jambes ni bras, sans vésicule et sans yeux, sans langue et sans nez, mais qu'il est impossible de perpétuer notre espèce s'il arrive quoi que ce soit au moins protégé de nos organes...

Je m'abîme dans ces sombres réflexions. Marisa toussotte. La gitane n'essaie pas de comprendre. Yul commande une nouvelle portion de couilles.

– Cinq ou six seulement, précise-t-il, je n'ai pas très faim...

Elles arrivent, nettement plus petites que les premières. Yul s'en plaint au maître d'hôtel.

– Eh oui, Monsieur Brynner, je suis d'accord avec vous, mais les autres, il ne m'en reste plus. Celles-ci ne sont pas mauvaises, elles sont différentes. C'est que, voyez-vous, le jour où nous les avons achetées, ce n'est pas le taureau qui avait été tué, c'est le matador...

La dernière fois que je rencontrai Yul, ce fut à New York, chez Sammy Davis. Il y avait beaucoup de monde. Dans un coin, se terrait Judy Garland. Un regard aux abois. Une Piaf qui aurait perdu tout ressort, écorchée, sur la défensive, avec, dans les yeux, toute la misère du monde. On lui demande de chanter. Elle se traîne jusqu'au piano et s'y accroche comme à une bouée. Elle s'embrouille, reprend, oublie les paroles que son amant du jour lui souffle impatiemment. Elle continue, avec sa voix qui craque, et son regard en quête d'un arc-en-ciel. Arrive Yul. Judy l'embrasse. Elle le contemple comme s'il était quelque dieu descendu de l'Olympe. Sammy se juche sur un tabouret et se met à chanter. Judy l'interrompt. Sammy, agacé, se met à faire des claquettes.

– Ça me dérange que tu danses pendant que je chante, fait Judy.

– Ça ne me dérange pas que tu chantes pendant que je danse, répond Sammy.

Yul suit ce spectacle avec un sourire un peu méprisant. Ses pensées sont bien loin de ce genre d'exhibitions.

Dans quelques heures, il partira rejoindre ses réfugiés. Ce sont eux, et non plus les copains du « show-biz », qui sont devenus sa famille et sa raison de vivre.

Vingt ans après la fin de la guerre, ces malheureux croupissent encore dans des baraques, quelque part en Europe Centrale...

Des milliers et des milliers d'hommes et de femmes, qui vivent sans rien faire et prolifèrent sans but, sans espoir. Ils ont échappé aux camps de la mort lente pour retrouver des camps d'une mort plus lente encore. Seuls les forts parviennent à en échapper. La plus légère tare, la myopie par exemple, leur ferme toute frontière. A quoi bon s'indigner de la sélection des races pratiquée par Hitler si l'on continue à en faire autant ?

Un homme dont ce n'est pas le métier se penche sur cette misère, visite ces réfugiés, leur donne espoir, récolte des fonds pour eux, se démène entre les gouvernements, les comités, les frontières, les gardes-chiourmes et les lois pour tenter de les sortir de cet enfer. Cet homme comblé, à l'apogée de sa carrière, trouve dans son cœur, dans son indignation et sa pitié, le temps de s'occuper de ces déshérités : Yul Brynner.

DE DIANA ROSS
A ANTHONY PERKINS

Je tournais à Rome je ne sais quelle bleuette alimen-
taire – en ai-je fait, grands Dieux, de ces films sans
intérêt, pour le simple plaisir d'être à Rome – lorsqu'un
producteur du nom de Gordy, me proposa d'être l'un des
protagonistes de *Mahogany. Mahagonny?* Ah! que j'étais
heureux de pouvoir enfin jouer une œuvre de Brecht!
Certes, il s'agissait d'un film, mais je pouvais espérer que
l'esprit et les dialogues de la pièce originale seraient
pieusement conservés.

J'arrivai chez Gordy, un noir bon enfant qui était
devenu rapidement millionnaire avec sa maison de disques, Tamla Motown. Pour le moment, il vivait, entouré
d'une cour, dans un palais de la via Appia. Il m'offrit un
whisky, et, sans plus s'occuper de moi, continua silen-
cieusement une partie de poker. Après que ses partenaires l'eurent laissé gagner, il tourna ses regards dans ma
direction, semblant attendre que j'engage la conversation. Je me mis alors à lui parler de Brecht. Comme il
semblait ne pas être familier avec cet auteur, je me fis un
devoir de lui raconter en détails *Le cercle de craie
caucasien.* Un regard douloureux me fixait. Je m'étendis
alors, si j'ose écrire, sur *Mère Courage,* ce qui mit à son
comble la stupeur du pauvre homme.

Quand j'en eus terminé, il prit la parole, et se lança
dans un panégyrique ému de Diana Ross. Ce fut mon
tour de le contempler avec surprise. Certes, j'étais un fan
de Diana Ross, mais je ne voyais pas très bien le rapport
entre elle et Bertolt Brecht...

A vrai dire, il y en avait peu. Je m'en aperçus dès la première page du manuscrit. Adieu, Brecht, ce sera pour une autre fois!

Nous commençâmes le film par un défilé de mode. Diana jouait un des modèles, et moi, un des clients qui, à la voir, tombe amoureux d'elle. Je la regardais se mouvoir avec ravissement. Elle ne semblait pas marcher, mais nager le crawl, avec une insolente noblesse...

Chaque matin, à l'aube, Diana quittait son appartement de l'hôtel Excelsior, où dormaient encore son mari italien et ses trois filles. Elle se pelotonnait au fond de la voiture, sans échanger une parole avec quiconque. Trois heures plus tard, elle apparaissait sur le plateau et en prenait possession. On eût dit un de ces félins qui, du haut de leurs cages, nous contemplent en nous ignorant, et dont on ne sait jamais s'ils vont mordre ou ronronner. Cette royale démarche, cette élégance, je ne sais quoi de hautain et de secret, en imposaient. Même ceux qui l'appelaient par son prénom le faisaient avec déférence. Mais c'est avec une application d'enfant sage qu'elle suivait les indications de Berry Gordy, qui l'avait découverte alors qu'elle était l'une des trois « Supremes » et qui lui avait fait tourner *Lady Sings the Blues.* Pour *Mahogany,* Gordy ne se contenta pas de produire. En désaccord avec Terence Young qu'il avait engagé comme metteur en scène, il décida d'assurer lui-même la réalisation du film. Dangereuse initiative. Son génie des affaires ne lui conférait pas obligatoirement le don de diriger des comédiens. Mais Diana lui faisait aveuglément confiance.

En dehors de mes scènes avec elle, j'en avais une avec Tony Perkins. Le jeune sauvage, tendre et timide que j'avais connu quelques années auparavant, se blottissant frileusement dans les jupes de Mélina Mercouri, était devenu un homme sec, austère et réticent. Un professeur de mathématiques, un peu, dans une petite ville du Middle West, qui s'ennuierait prodigieusement à corriger des copies d'élèves demeurés. J'avais du mal à concilier les deux images.

Les longues attentes entre deux plans s'écoulaient, entre Diana, Tony et moi, dans un silence religieux. La concentration est une chose utile, mais il ne faudrait tout de même pas en abuser! Parfois, pour détendre l'atmosphère, je risquais une plaisanterie. Un sourire courtois me faisait comprendre qu'on n'était pas là pour s'amuser.

Je m'amusais quand même, ayant en moi la déplorable tendance de vouloir, à tout prix, m'amuser en tous lieux.

NOËL COWARD

Noël Coward, pour ceux qui l'ignoreraient, fut le Sacha Guitry anglo-saxon.

Ils connurent les mêmes triomphes, à la même époque, suivis, par la suite, des mêmes déboires. Du moins Coward ne fut-il pas extirpé de son lit, promené, chemise au vent, à travers des rues hostiles, insulté par une populace que la Libération rendait cruelle, et jeté en prison. Mais il lui fallut attendre la veille de sa mort – ou presque – pour être anobli, alors que tous les acteurs qui s'étaient illustrés dans ses pièces, qu'il avait découverts, dont il avait assuré le succès – Redgrave, Gielgud, Guinness – étaient « sirs » depuis longtemps, et même « lord », dans le cas – exceptionnel – de Laurence Olivier.

Une distraite homosexualité, et, plus encore, une résidence en Suisse pour échapper au fisc, avaient longtemps différé des honneurs auxquels son talent lui eussent donné droit. La reine lui en voulait-elle d'aimer les garçons, bien qu'il vécût en Suisse, ou de vivre en Suisse, bien qu'il aimât les garçons ?

J'ai joué trois pièces de lui : *Joyeux Chagrins*, *Les Amants terribles* et *Sérénade à trois*, d'abord à Paris, puis en Amérique sous son nom d'origine *Design for Living*.

Quand ma propre pièce *L'Empereur de Chine* fut

montée au Théâtre des Mathurins – il s'agissait d'un mythomane qui mettait tout le monde dans sa poche – Noël vint la voir :

– Quel drôle de garçon vous êtes, s'écria-t-il, je plains votre femme!

– Vous vous trompez. Le personnage que j'ai inventé n'a aucun rapport avec moi.

– Ah! non?

– Si vous ne me croyez pas, lisez ce que Cocteau a écrit dans le programme.

– Je sais : « Jean-Pierre ne ressemble en rien à son héros... » Je ne le crois pas.

– Vous n'allez tout de même pas me dire que tous les personnages que vous avez imaginés sont à votre image?

– Oh! que si... oh! que si... Tous. Y compris la femme de chambre qui vient annoncer : « Madame est servie. »

Plus tard, Noël aima une autre de mes pièces, que jouait Maria : *L'Île heureuse.* Il souhaitait en écrire l'adaptation anglaise. J'allai y travailler avec lui dans une maison de pêcheurs qu'il possédait, adossée aux blanches falaises de Douvres, face à la mer du Nord, aux varechs, à la brume, aux meuglements lugubres d'invisibles bateaux.

Hélas, la mort de Maria mit fin à ce beau projet.

Il dirigeait toujours ses propres pièces. Aux acteurs, il déclarait dès la première répétition : « Je ne vous demande pas d'avoir du talent. Je vous demande de savoir votre texte, et de ne pas vous cogner contre les meubles. » Quand l'un d'eux – ayant trop lu Stanislavski ou trop fréquenté Lee Strasberg – cherchait à connaître quelles devaient être ses motivations profondes, il répondait :

– Votre seule motivation – mais elle est essentielle – est d'aller toucher votre chèque à la fin de la semaine.

Il pouvait avoir la dent dure. A une actrice célèbre, qui avait un cou trop court il dit, un jour qu'il était mécontent d'elle :

– Je vous tordrais le cou, si je pouvais le trouver.

164

Noël Coward est mort il y a une dizaine d'années.

On a publié son *Journal intime.* 696 pages.

L'éditeur a coupé tout ce qui touchait de trop près à la vie privée du Maître. Louable précaution... mais il aurait dû couper beaucoup d'autres choses! Cette perpétuelle et monotone énumération des déjeuners, dîners et cocktail-parties avec les grands de ce monde, avec Dicky (Lord Mountbatten), Tony (Armstrong Jones), Maggy (la Princesse Margaret), and that darling (la Reine-Mère) est lassante, inutile et bébète. Voilà un piège à éviter quand on rédige ses souvenirs. Ne savait-il donc pas qu'il est indispensable d'oublier les déjeuners, dîners, goûters, breakfasts, collations, soupers et autres agapes culinaires, pris en compagnie de nos héros? Occupations banales et sans le moindre intérêt. A moins que, par miracle, à un festin quelconque, la reine ne laisse tomber sa fourchette dans le giron de Mme Thatcher. Ça n'arrive pas tous les jours. Oublions.

Et continuons la lecture de ce *Journal.* Quelques lignes émouvantes sur la maladie, la vieillesse, la mort de ses amis : une vingtaine de pages. Quant aux 676 autres il en émane, avant tout, une imperturbable confiance en soi.

Confiance d'autant plus méritante que l'après-guerre lui infligea de cuisants échecs. On lui faisait payer ses triomphes passés, l'excès de ses attitudes, une nonchalance ironique, un mépris du jugement d'autrui, toutes qualités qui, pensait-on, appartenaient à une avant-guerre pourrie!

Ce n'est pas seulement à Vichy que sévirent des censeurs accusant Gide d'être responsable de la défaite!

Quant à moi, je lui en veux d'avoir tenté de décourager Vivien, au moment où elle avait le plus besoin d'être rassurée.

Nous étions à Philadelphie, où nous donnions la première de *Tovarich.* Nous devions y rester une quinzaine de jours avant de débuter à New York. Noël vint nous voir. Cette première représentation s'était bien passée, et nous étions pleins d'espoir pour l'avenir. Vivien m'invita à souper. Je dus refuser, car mon ami Bernard Giquel était venu de Paris pour cette représentation. Il devait m'interviewer pour *Paris-Match*. Deux heures plus tard, j'appelai Vivien et lui demandai si je pouvais passer chez elle. Inutile précaution, puisqu'elle ne se couchait jamais qu'aux aurores. J'entrai dans son appartement où elle m'accueillit la mine défaite. On eût dit qu'en deux heures, elle avait vieilli de vingt ans. Noël me tendit, sans un mot, les journaux qui venaient de paraître. Les critiques trouvaient *Tovarich* démodé, et ne montraient guère d'enthousiasme pour nous. « Merde » fut mon commentaire. « On ne saurait mieux dire », opina Noël. Là-dessus, il se mit à agiter sous le nez, de moins en moins mutin, de Vivien, un doigt prophétique et courroucé :

— Je t'interdis, hurla-t-il, de te prostituer à Broadway dans cette pièce. Tu ne sais pas danser. Tu ne sais pas chanter. Et Jean-Pierre non plus. Tu te diminues. On n'a pas le droit de sauter à pieds joints de Shakespeare à une comédie musicale... surtout quand on est incapable de sauter...

Content de lui, il secoua la cendre de sa cigarette... et partit.

Deux semaines plus tard, *Tovarich* connut une générale triomphale à Broadway, mais que de patience, de diplomatie, d'arguments, de vitamines et d'euphorisants nous fallut-il distribuer à Vivien pour qu'elle acceptât de continuer! Nous devions la convaincre qu'elle chantait mieux que la Callas, et dansait avec plus de grâce que la Pavlova.

Noël savait par expérience combien Vivien était impressionnable et fragile. Il savait à quel point elle redoutait cette aventure, où, pour la première fois, elle se trouvait loin de son pays, sans Larry * qui n'était plus là pour la diriger, et dont elle venait de divorcer.

---

* *Note de l'éditeur* : Laurence Olivier.

Au lieu de se limiter à des critiques constructives qui auraient pu nous être fort utiles, Noël s'était laissé aller à une scène mélodramatique et nuisible. Je ne le lui ai jamais pardonné.

De toute façon, Noël, avec ses antennes fiévreuses, sentait bien que, tout en admirant l'auteur, je n'avais jamais succombé inconditionnellement à son charme. Il y avait, à mes yeux, trop de fabrication dans ses attitudes. Il fallait qu'en toutes circonstances, il brille, ordonne, séduise, morigène, et domine.

Mais, de même que Victor Hugo était un fou « qui se prenait pour Victor Hugo * », peut-être Noël n'était-il, en fin de compte, qu'un homme triste, généreux et secret, qui se prenait pour Noël Coward...

* *Note de l'éditeur* : la formule est de Jean Cocteau.

REX HARRISON ET LILLI PALMER
LAURENCE OLIVIER ET VIVIEN LEIGH

Aux Amériques, on l'appelle « Sexy Rexy ».

Oh! Je veux bien le croire sexy, ses nombreuses conquêtes semblent le prouver, mais, à mes yeux, il est tout simplement un enfant gâté.

Naïf, entêté, orgueilleux, capricieux, avec les soudains éclats, violents et hors de propos, des timides. Désolé, Rex, mais je ne parviens pas à t'identifier à un roué du grand siècle, au Casanova de Picadilly, pas même au Don Juan de Molière, avec ses doutes et ses blasphèmes. En toi je vois un petit garçon de soixante-dix-huit ans. Si tu lis ces lignes (et tu les liras d'autant plus sûrement que je vais te les envoyer) tu vas laisser éclater ta fureur. Ce n'est pas grave. Il est évident qu'après deux dry Martini, nous nous réconcilierons.

J'ai connu Rex à Hollywood en 1947. Il venait d'y arriver avec sa seconde femme, Lilli Palmer, pour y tourner *Anna and the King of Siam* dont il travaillait le texte avec une grosse allemande (tout le monde l'appelait Apfelstrudel), qui avait pour mission de transformer son accent britannique en pépiage indochinois. Entre ces séances polyglottes, il avait rencontré une ravissante actrice blonde, Carole Landis. N'étant pas suffisamment discrète, leur liaison fit scandale. Le studio – la Twentieth Century Fox – somma Rex de rompre. On retrouva Carole Landis morte sur son lit, un peu comme Marilyn Monroe, à qui elle ressemblait. A cette époque, les ligues de vertu ne plaisantaient pas avec ce genre d'adultères, surtout s'il était commis par un étranger (Ingrid Bergman en sut quelque chose!), à plus forte raison s'il se terminait par un suicide.

Lilli Palmer se tint courageusement aux côtés de son mari : « Miss Landis était une amie de la famille. » La Fox garda Rex sous contrat, mais toute la gentry de Hollywood qui, quelques mois plus tôt, avait accueilli royalement les Harrison, leur tourna le dos. Eux qui avaient été fêtés et encensés se trouvèrent soudain abandonnés, rejetés, exilés. Seuls, avec leur chagrin, leurs remords et leur discorde. Il n'y eut que ma femme * et moi pour leur ouvrir notre porte et notre cœur. Et c'est de là que date notre amitié.

L'année suivante, je choisis Lilli pour être ma partenaire à Broadway dans ma pièce *L'Empereur de Chine*, rebaptisée, je ne sais toujours pourquoi, *My Name is Aquilon*.

Le soir de la générale, Lilli me joua un tour pendable. A mon insu, elle avait travaillé son rôle avec la fameuse Apfelstrudel. Cette obèse teutonne avait conçu un plan d'attaque qu'elle serina, derrière mon dos, à son élève. Et le soir de la générale à New York, j'eus la pénible surprise d'entendre (à peine!) Lilli jouer trois tons au-dessous de moi, dans un tempo, un style totalement différents de ce que nous avions établi aux répétitions. Naïvement, je crus qu'elle était malade. Je ruai des quatre fers pour essayer de sauver ma pièce en lui insufflant l'énergie, le rythme et le niveau vocal dont elle avait besoin. Idiot que j'étais, c'est à moi-même que je nuisais! Plus je m'époumonnais, plus Lilli paraissait sobre! La pièce eut de mauvaises critiques mais Lilli, dont c'étaient les débuts, devint une star « overnight ».

J'ai la faiblesse, envers mes amis, de continuer à les aimer, quoi qu'ils fassent, fût-ce à mes dépens. L'année suivante, je demandai donc à nouveau à Lilli d'être ma

* *Note de l'éditeur* : Maria Montez.

170

partenaire dans un film avec Maria que mon frère mettait en scène : *Hans le Marin*. Cette fois, il n'y eut pas d'Apfelstrudel, pas de coup fourré, pas de panique. Nous vécûmes, tous heureux, à Marseille. Pendant que nous tournions, Rex promenait son indifférence hautaine sur la Canebière.

Trois ans plus tard, j'eus le malheur de perdre Maria. Je me retrouvai seul, avec une petite fille de cinq ans. C'est alors que Rex et Lilli me prouvèrent leur chaude affection en nous invitant, Tina et moi, à Portofino. Nous devions y passer cinq étés de suite.

La maison, construite par eux, s'étalait au sommet d'une colline qui dominait la mer, la côte de Santa Margarita à Livourne, et le petit port de Portofino, qui est bien l'ancre la plus exquise que Dieu ait jamais dessinée. On parvenait là-haut en jeep, par un sentier muletier. Trajet bucolique au départ, somptueux à l'arrivée.

Là, je découvris combien, sous l'écorce du cynisme et de l'égoïsme le plus satisfait, Rex pouvait cacher de tendre sollicitude. Je n'étais pas encore remis de mon chagrin. Rex s'ingéniait à me redonner goût à la vie. Lilli aussi, avec son côté boy-scout. Elle se félicitait d'autant plus de nous avoir invités que Rex commençait à s'ennuyer sur cet harmonieux promontoire, et que je représentais (aux yeux de Lilli tout au moins) un ami moins dangereux pour son mari que ses « pals » britanniques qui l'entraînaient à boire et qui risquaient de lui présenter des filles. Ma présence auprès de Rex offrait quelque chose de rassurant. Lilli peignait, écrivait, ordonnait sa maisonnée, pendant que Rex, les enfants et moi, partions en Chris Craft, nager au large. Portofino n'a pas de plages. C'est bien là le seul détail qui l'empêche d'être le paradis.

Pendant l'un de ces étés, Vivien Leigh et Laurence Olivier vinrent passer une quinzaine de jours avec nous. Tout alla bien, au début tout au moins. Un soir, le duc et la duchesse de Windsor nous invitèrent sur leur yacht. Les révérences accomplies, on se mit à boire. Beaucoup. La duchesse, anguleuse, nous témoignait une cordialité de bon aloi, sans jamais oublier son rang, ni le mal qu'elle s'était donné pour y parvenir. Des deux, c'était elle qui arborait la plus royale autorité. Le duc ne semblait pas se soucier de ses prérogatives. Il flottait rêveusement, ne sachant que faire de son temps, accablé d'inaction.

L'audience achevée, Larry, Rex et moi allâmes prendre un dernier verre sur le port. Vivien et Lilli décidèrent de rentrer. Quand nous les rejoignîmes, deux heures plus tard, nous entendîmes des hurlements. Larry s'arrêta pile. « Mon Dieu, ça recommence! » C'était l'une des premières crises de Vivien. Ces crises, hélas, allaient devenir de plus en plus fréquentes, malgré un sévère traitement d'électrochocs.

Pour en revenir à de moins pénibles événements, la vie à Portofino continuait, sereine, après le départ des Olivier. Une anecdote prouvera à quel point Rex pouvait être distrait, naïf et impressionnable. Un jour que nous prenions le café sur le port, une jeune journaliste le reconnut et lui demanda une interview. Après cinq minutes où la pauvre fille demeurait debout sous un soleil de plomb, Rex, timidement, suggéra : « Vous pourriez vous asseoir... peut-être... » Lilli, excédée dès le début de l'entretien, lui jeta un regard réprobateur. Alors, Rex murmura, comme un enfant pris en faute : « J'ai dit : peut-être... »

Non, décidément, malgré mes efforts pour me représenter Rex comme un héros de Fitzgerald, je ne parviens à l'identifier qu'au professeur Higgins (j'allais écrire « au professeur Nimbus ») que Bernard Shaw semble avoir écrit pour lui et qu'il a joué superbement : un grandiose égoïste, tyrannique avec délices, amoureux de lui-même, assoiffé d'indépendance, puis s'arrêtant brusquement, au détour d'une de ses escapades, pour regretter la femme qu'il vient d'abandonner, et soupirant, un peu honteux de sa faiblesse :

« Damn, damn, damn, I've grown accustomed to her face... »

172

(« Merde, merde, merde, elle commence à me manquer... »)

Il est à l'aise dans ce personnage comme dans les pantoufles qu'Elsa Doolittle lui apporte. Nul ne pourra lui succéder. C'est Louis Jouvet dans le docteur Knock, Sarah Bernhardt dans Phèdre, Gérard Philipe dans le Prince de Hombourg. Immortel et nonchalant. Définitif.

Il y a parfois de ces rencontres, quand l'âge, l'aspect physique, l'humeur, l'âme et le cœur d'un interprète correspondent exactement à ceux d'un personnage...

Il y a longtemps que Rex et Lilli se sont quittés...

Portofino fut vendu, et le Chris Craft, et les beaux étés ensoleillés...

Rex s'est remarié quatre fois... cinq fois... six fois... Lilli a épousé Carlos Thomson, un blond géant de Buenos Aires, intellectuel de surcroît. Elle l'a entraîné en Suisse au sommet d'une colline plus haute encore que celle de Portofino. Elle peint, et vend ses œuvres à de hauts prix. Elle écrit, et chacun de ses livres est un best-seller... Parfois, elle évoque ses débuts à Paris, quand, sans un sou, elle chantait dans un boui-boui de Montmartre, en duo avec sa sœur : « Darling, je vous aime beaucoup... » Elle commente rêveusement : « A vingt ans, j'étais belle, j'avais autant de talent qu'aujourd'hui, et je ne trouvais pas de travail... » Son petit nez se plisse. L'Allemande, en elle, ressurgit. Obstinée. Obstinée à apprendre, à lutter, à gagner. Obstinée à se forger un bonheur. Obstinée à survivre...

Elle est de ces femmes qui bâtissent patiemment des citadelles de rêve, que leurs maris considèrent vite comme autant de Bastilles.

L'amour n'y fait rien, ni le luxe, ni les hectares couverts de neige, ni les pentes embaumées de la Méditerranée, ni les piscines somnolentes...

L'homme libre est celui qui peut descendre, non de cimes apprivoisées, mais de son troisième étage au-dessus de l'entresol, acheter un paquet de gauloises au café du coin.

Et rien ne pourra jamais remplacer ce besoin, cet oxygène, ce bonheur...

GRACE KELLY

S'il y eût jamais au monde une créature faite pour devenir princesse, c'est bien Grace Kelly. Dès l'âge de dix-huit ans, elle en eut – à son insu – l'allure, la rêveuse noblesse, l'endurance, et cette mystérieuse aura qui permet aux contes de fées de se réaliser. Aux compliments qu'on ne manquait pas de lui adresser, elle répondait avec autant de royale simplicité qu'elle devait en montrer plus tard, sur les marches du trône de Monaco.

Un jour que nous parlions de ses projets, je lui dis : « Tu finiras princesse. On n'échappe pas à son destin. » C'était à Hollywood, au bord de sa piscine. Son image tremblait dans l'eau où elle semblait chercher à deviner, sage Ophélie, ce que lui réservait l'avenir...

La première fois que je la rencontrai, en 1953, ce fut dans une poussiéreuse salle de répétition, à Broadway. Nous devions tourner, pour la télévision, *The Way of an Eagle*. J'y jouais Audubon, un ornithologue peu connu sur nos rives, mais fort apprécié aux États-Unis. C'était l'époque où les producteurs de télévision cherchaient pour moi quelque célébrité française à incarner. Après La Fayette, Braille, Louis XV, et quelques autres compatriotes de moindre acabit, ces Messieurs finirent par dénicher cet ornithologue qui m'allait comme un gant, assuraient-ils.

Je demandai qui, en dehors des vautours, des moineaux et de quelques rouges-gorges, serait ma partenaire. On me cita le nom d'une jeune comédienne inconnue; Grace Kelly avait déjà tourné dans deux films, mais ils n'étaient pas encore sortis. On commençait à parler d'elle, mais pas plus que d'une demi-douzaine d'autres débutantes qui promettaient. Elle arriva dans un strict tailleur de tweed, secrète, très blonde, avec des yeux bleus qui pouvaient devenir d'acier, et coiffa ses lunettes pour déchiffrer son texte.

A la pause de midi, je l'invitai à déjeuner. Elle me répondit: « Non merci, Monsieur Aumont. » Pendant plusieurs jours, dans ce pays où tout le monde vous appelle Bill, Mac ou Tom à première vue, elle continua à me donner du « Monsieur », et à se tenir sur une distante réserve. Cela m'agaçait.

La salle où nous répétions servait de dancing le samedi soir. Elle était ornée de slogans brodés sur des banderoles. Le troisième jour des répétitions, las de subir sa froideur, je pris Grace par le bras et, d'un doigt impérieux lui désignai l'une des banderoles. Un peu surprise, elle ajusta ses lunettes et lut: « Ladies, soyez aimables envers vos cavaliers. Après tout, les hommes, eux aussi, sont des êtres humains. » Grace éclata de rire. La glace était rompue.

Nous répétâmes pendant trois semaines. A la fin de chaque scène, alors que je devais me pencher sur elle, Madame Audubon tournait son regard vers le ciel et s'écriait:

– Regarde, darling, une sarcelle...

Nouveau baiser:

– Regarde, darling, un étourneau...

Nouveau baiser:

– Regarde, darling, une mésange...

C'était plaisant et monotone. Grace faisait preuve d'une grande conscience en énumérant ces volatiles, mais je n'aurais jamais pensé, à l'écouter, que, deux ans plus tard, elle gagnerait un Oscar!

Après les répétitions, nous nous promenions dans New

York où elle partageait un studio avec une copine. Son attitude était celle de la Belle au bois dormant, un peu altière, mais qu'animaient de petits froncements du nez quand elle s'amusait. On eût dit qu'elle était heureuse de rire, comme si cela ne lui arrivait pas tellement souvent. Je regagnai Paris. Elle s'envola vers Hollywood... et la gloire. Nous nous écrivîmes régulièrement.

Deux ans plus tard, elle fut invitée au Festival de Cannes, pour y présenter *Country Girl*. Je ne croyais pas pouvoir la rejoindre, car je tournais un film. Le film se termina plus tôt que je ne pensais, si bien que je décidai, sans la prévenir, de m'envoler pour Cannes. Le temps de passer un smoking et j'arrivai au casino au beau milieu d'un grand dîner donné en l'honneur de Grace. Tout à coup, elle m'aperçut, se leva, et, dans un élan de joyeuse surprise, me sauta au cou.

La malheureuse, qu'avait-elle fait?

Un silence abasourdi surgit de l'assemblée. Cinquante invités, plus huppés les uns que les autres, s'immobilisèrent, le bras levé pour porter à leurs bouches un morceau de sole Dugléré qui n'y parvint jamais, et contemplèrent ce spectacle incroyable : Grace Kelly, l'idole inaccessible, venait de sauter au cou de J.P.A.!

Comme, par la suite, nous ne nous quittâmes plus, nous devînmes le principal sujet des conversations du festival. Dans le hall du Carlton, un reporter américain me happa :

— Êtes-vous amoureux de Grace Kelly?

— Qui ne l'est? répondis-je en riant.

Le lendemain, les journaux du monde entier publièrent cette banalité, comme s'il s'agissait de la déclaration la plus importante des vingt derniers siècles. « Qui ne l'est? » devenait « Ralliez-vous à mon panache blanc », « Tirez les premiers, Messieurs les Anglais », « De l'audace, encore de l'audace » et l'appel du 18 Juin.

De ce jour, les photographes ne nous lachèrent plus. Nous ne pouvions ni nous promener ni déjeuner, sans être suivis par une meute. Des centaines de photos furent prises, certaines avec notre accord, d'autres à notre insu, au téléobjectif. Que ce fût en Europe ou en Amérique, les magazines étaient pleins de nos faits et gestes. Certains me dépeignaient comme un homme exceptionnel, un pur héros que Grace Kelly devrait être heureuse de conquérir. D'autres me traitaient d'infâme gigolo, d'aventurier douteux qui se faisait de la publicité sur le dos d'une innocente enfant égarée dans les pernicieux délices de la Capoue des Alpes Maritimes. Personne – c'était évident – ne savait que nous avions travaillé ensemble, que nous nous connaissions depuis deux ans, que nous correspondions régulièrement. Il ne s'agissait ni d'un coup de foudre aussi bouleversant que subit, comme l'imaginaient les plus sentimentaux, ni d'un « scoop » publicitaire soigneusement organisé, comme l'affirmaient les plus cyniques, mais, tout simplement, des tendres retrouvailles de deux amis.

Nous étions heureux d'être ensemble à nouveau. Moi, parce que je trouvais Grace adorable; elle, parce que j'étais le seul français qu'elle connût et avec qui elle se sentît en confiance.

Cette année-là, Einstein mourut. Les journaux lui consacrèrent moins de place qu'à Grace et moi achetant un ice-cream. Mes copains grommelèrent :

– On a parlé de toi, cette semaine, plus que de la mort d'Einstein!

– Cela prouve une fois de plus, répondis-je, combien sa théorie sur la relativité était exacte.

J'étais assez satisfait de cette formule!

Un jour que nous déjeunions au Blue Bar, Grace me dit qu'elle avait été invitée par le prince Rainier à visiter son palais et son aquarium, mais qu'elle n'irait pas, parce qu'elle avait rendez-vous avec son coiffeur. Une jeune américaine strictement élevée ne décommande pas un rendez-vous, fût-ce avec un coiffeur, pour se rendre à un autre rendez-vous, fût-ce avec une altesse sérénissime! J'insistai pour qu'elle y aille, lui affirmant que si elle refusait cet honneur, elle risquait de nuire aux bonnes relations entre la Principauté de Monaco et les États-Unis.

A son retour, je lui demandai ses impressions.

– Le prince est charmant, fit-elle.

A la fin du Festival, elle vint passer huit jours à Paris. Libre insouciante, elle était heureuse d'échapper à sa famille, à son studio, à des gardes du corps plus redoutables que ceux qu'elle eut par la suite.

Elle m'avait fait découvrir Brooklyn et Greenwich Village. Je lui fis découvrir Montmartre et Saint-Germain-des-Prés. Je l'emmenai en croisière sur un bateau-mouche. Jamais elle ne fut plus belle que ce jour-là, dans ce printemps doré : une princesse de légende – déjà – humant la brise à la proue du bateau...

Six mois plus tard, Grace tournait *Le Cygne* dans le Colorado, et je tournais *Hilda Crane* à Hollywood.

Le jour de mon anniversaire, comme je ne travaillais pas, j'avais invité mon agent à déjeuner, dans la petite maison de Bel Air que des amis m'avaient prêtée. C'était un garçon sportif, dynamique, avec les pieds sur terre. Au dessert, on m'apporta un télégramme. Grace m'y faisait part de sa décision d'épouser le prince Rainier.

Sans rien dire, je tendis le télégramme à mon agent. Il ajusta ses lunettes et prit son air le plus « business-like », pensant qu'il s'agissait d'une offre de contrat à discuter. Des dix pour cent frémissaient déjà à ses narines. Mais voilà qu'à ma surprise, ce solide gaillard pâlit, et se mit à pleurer.

Lui aussi, sans doute, était amoureux de Grace...

Mais, comme l'avait récemment proclamé un poète : « Qui ne l'est ? »

Huit jours après, la nouvelles des fiançailles de Grace éclata à la première page de tous les journaux. Ce soir-là, j'étais invité à une party. C'était drôle de voir tout ce beau monde dans un état d'extrême agitation. Les actrices surtout ne pouvaient masquer qui leur dépit, qui leur admiration : « Quoi, cette petite Grace, qui a déjà grimpé en si peu de temps tous les échelons de notre profession, va devenir princesse! Et une princesse régnante, qui plus est!» Elles s'affolaient: «Va-t-il falloir lui faire la révérence?» Elles s'y exerçaient déjà! D'autres affirmaient qu'Eleonor Roosevelt n'avait pas fait la révérence à la reine d'Angleterre...

Louella Parsons, la columniste la plus redoutée, qui ressemblait à une otarie flasque, secoua devant mes yeux un doigt boudiné :

– Un petit oiseau m'a dit qu'à une certaine époque, Grace et vous étiez fiancés...

Je me demandais si ce petit oiseau était l'un des rouges-gorges, des étourneaux ou des mésanges de notre émission! A minuit, rentrant chez moi, j'eus un léger accident de voiture. Je n'y pensais même plus, quand, le lendemain, je lus l'article de Louella Parsons. Titre : « Premier résultat des fiançailles du siècle : Tentative de suicide de J.P.A. »

En fait de suicide, j'étais paisiblement au bord de ma piscine, un verre de champagne à la main. Je le levai pour trinquer – du cœur le plus sincère – à la santé de Grace, et à son bonheur.

Des années plus tard, nous nous rencontrâmes chez Paul-Louis Weiller. Entourée de son mari et de ses enfants, elle m'accueillit avec cette tendre amitié que nous témoignons à ceux qui nous rappellent d'heureux souvenirs. Nous parlâmes longuement de Hollywood. Elle y prenait plaisir, mais ne manifestait aucun regret. N'en avait-elle pas, en si peu de temps, épuisé tous les fastes? La femme que j'avais en face de moi était heureuse, apaisée, comblée.

Est-il plus beau destin?

ORSON WELLES

« Nul n'est prophète en son pays », avait coutume d'énoncer ma grand-mère. Elle préférait s'en tenir à des proverbes qui avaient fait leurs preuves.

Pour les Américains (mis à part les fan-clubs posthumes dont il partage les hystéries avec Elvis Presley), James Dean n'est qu'un gosse insupportable, mal embouché, qui rendait dingue ses partenaires... Marlon Brando, pour nous un géant, est pour eux un bedonnant « has been » qui déchiffre, yeux révulsés, son texte épinglé au plafond. Double avantage : il a l'air inspiré, et il lit, sans avoir eu à les apprendre, ses répliques ! Marlène et Garbo... ils ne savent plus très bien si elles sont encore vivantes...

Quant à Orson...

Les Américains se lassent vite de leurs idoles. Ils en changent, comme ils changent de voitures, bien avant qu'elles ne soient usées.

Le beau livre que Barbara Leaming lui a consacré aurait pu s'intituler : « La longue et tragique histoire de l'auto-destruction d'un génie. » Le ciel l'avait comblé de tous les dons. A cinq ans, il écrivait des pièces de théâtre. A onze ans, il jouait Othello. A dix-huit ans il était à la fois auteur, acteur, metteur en scène, polémiste...

Les cinquante années qui suivirent, ne furent, en dépit d'éclairs inspirés, qu'une suite de déboires... jusqu'à ses derniers jours où, tenant sous son emprise un auditoire restreint, débordant de corpulence et de sarcasmes, il semblait jouer au naturel les errances désespérées du roi Lear.

A vingt ans, il avait produit *Macbeth* avec des noirs, et un *Jules César* où il avait revêtu ses acteurs d'uniformes fascistes. Un grand homme de théâtre était né.

A la même époque, il bouleversait l'Amérique en faisant croire aux auditeurs de radio que leur pays avait été envahi par les Martiens. Sa force de persuasion était telle qu'il fut le responsable étonné – il n'en demandait pas tant! – d'accouchements prématurés, de confessions de pécheurs soudain repentis, et de quelques suicides. Puis vint *Citizen Kane*, « le film des films * », et le début de ses malheurs. Mankiewicz le menaça d'un procès pour ne pas avoir précisé qu'il était l'auteur du scénario. Randolf Hearst se reconnut en Kane et poursuivit Orson d'une haine farouche. « Pour le bien de l'art et de l'industrie cinématographique », il essaya, nouveau Savonarole, de faire détruire par le feu, le négatif du film.

Malgré tout, *Citizen Kane* existe, et c'est le seul de tous les films qu'Orson Welles a tournés pendant cinquante ans dont il ait assuré le montage. Pourquoi? Barbara Leaming, une femme passionnée par son sujet, blâme le mauvais sort qui semble s'être acharné sur Orson. Mais, à travers les lignes, force est de constater qu'il fut souvent son propre ennemi.

Ce ne fut pas toujours par malveillance que des producteurs offrirent à d'autres le soin de terminer ses films.

Déjà, pour *La Splendeur des Ambersons*, il fallut en confier le montage à quelqu'un d'autre, Orson étant parti pour l'Amérique du Sud (pour le compte, il est vrai, du State Department). De nouvelles scènes furent ajoutées, sans qu'Orson – semblable en cela à Stroheim – puisse s'y opposer. Le film devait être exploité à une date précise, et il n'était pas là! Même Joseph Cotten, son ami, accepta

* *Note de l'éditeur* : selon François Truffaut.

de se plier aux décisions des producteurs. Orson en souffrit. Mais, par la suite, il ne devait rien faire pour que de telles blessures ne se rouvrent pas.

Il y avait en lui une sorte de panique à l'idée de mettre un point final à l'une de ses œuvres. Il inventait alors n'importe quel prétexte, auquel il finissait par croire, pour fuir. Comme si Shakespeare s'était arrêté d'écrire au moment de faire mourir Juliette. Comme si Michel-Ange avait renoncé à ajouter une coupole au dôme de Saint-Pierre. Ce n'est pas la terreur de la page blanche, décrite par Colette, c'est la terreur de la page terminée.

En revanche – ironie du destin et contradictions de sa nature – il éprouvait un malin plaisir à monter les films des autres! La séquence de *F. for Fake* * concernant Elmyr de Hory, le faussaire qui remplit les musées, les galeries et les collections particulières, des faux que lui avaient inspirés Matisse ou Picasso, cette séquence fut tournée, à Ibiza, non par Orson Welles mais par François Reichenbach. Orson la monta différemment, et par son génie de prestidigitateur, en fit un film nouveau.

C'est qu'entre temps avait éclaté le scandale de Clifford Irving. A Ibiza, une fois de plus! Clifford avait vendu à des prix exhorbitants à son éditeur, et à *Life Magazine,* le récit de confessions de Howard Hugues. Totalement inventées, on devait par la suite le découvrir! Orson filma quelques plans d'Irving et les mêla à ceux d'Elmyr. Il avait le don de se servir de phrases qui signifiaient une chose précise, et, en coupant et juxtaposant, de leur faire dire quelque chose d'autre, voire le contraire. Donner une forme et un sens nouveau à l'œuvre d'un autre attirait en lui ce qu'il y avait de démoniaque bricoleur. Comme il a dû s'amuser! Comme il a dû rire, de son rire gargantuesque, dans cette barbe qui l'eût fait ressembler à Tristan Bernard, si Tristan Bernard avait ressemblé à Moïse!...

De retour à Hollywood, il déjeunait tous les jours dans un restaurant français, *Ma Maison,* où Patrick Terrail et

* *Note de l'éditeur*: *Vérités et mensonges.*

Pierre Groleau le recevaient. Ils l'accueillaient à une porte dérobée, et le calaient dans un recoin, parfaitement isolé des autres tables par une barrière de plantes grasses.

J'étais l'un des rares qu'on laissât pénétrer dans l'antre sacrée. Orson trônait sur la banquette, comme Dieu le père sur ses nuages, avec pour seul convive son petit chien. Il ne parlait pas de ses projets; il en avait eus tant, qui, tous, avaient échoué! Il ne parlait pas de son passé; à quoi bon! Il me félicitait gentiment « du grand succès que tu viens d'obtenir » sans que j'eusse la moindre idée de ce à quoi il faisait allusion!

Un jour, je lui dis que j'allais jouer au Théâtre de la Ville *La Maison des cœurs brisés.*

— Il faut en couper vingt minutes, déclara Orson d'un ton sans réplique.

— Je suis bien de ton avis, mais Jean Mercure, qui monte la pièce, est têtu comme une mule.

— Et pourtant, il n'a pas à se bagarrer avec Bernard Shaw, comme il a fallu que je le fasse... J'avais vingt ans, quand j'ai décidé de monter *La Maison des cœurs brisés,* à mon Mercury Theatre. J'ai appelé Bernard Shaw : « Si vous ne me laissez pas couper vingt minutes de votre pièce, nous allons à un four. » Hurlements de Shaw! « Okay, okay, n'en parlons plus. Il est très facile de couper dans Shakespeare et dans Molière, mais c'est sûrement impossible dans Shaw... » Le vieil Irlandais, amusé, flatté, conquis, cède : « Bon. D'accord... Coupez-les, vos vingt minutes... »

Il me prend les mains :

— Parle-moi français. C'est ma langue préférée. Surtout quand on la parle avec pureté, comme Fresnay et toi savez le faire. On sent que vous en êtes amoureux...

— C'est vrai.

— Ce n'est pas pour rien que vous êtes Tourangeaux, l'un et l'autre!

— Tu te trompes. Fresnay est Alsacien, et je suis né à Paris.

— Ah?

184

Il n'aime pas qu'on le contredise.

Je lui annonce que Truffaut vient d'arriver à Hollywood, et lui propose de venir chez moi pour le rencontrer.

C'était en juillet 1978. Le 14 juillet. Dans la maison que Marisa et moi avions louée, à Chautauqua Drive, au sommet d'une colline d'où l'on domine la ville, les plages et l'océan. François arrive le premier. Je lui demande s'il connaît personnellement Orson :

— Très peu et très mal. Je l'ai aperçu au Festival de Cannes en 66...

Entre Orson, suivi de Oja Kadar, la ravissante Yougoslave qu'il fit tourner dans *Fake*. C'est elle, la fille qui marche dans la rue d'un village, cependant que Picasso, derrière une persienne, semble la suivre avec concupiscence. Montage démoniaque de photos, que Welles parvient à rendre plus vivantes que s'il avait réellement filmé Picasso.

Ils tombent tout de suite amoureux de Victoria, notre bergère pyrénéenne. A Orvilliers, voisins de Mme Pompidou, ils ont quinze chiens. En dehors de cette propriété, ils possèdent des hectares en Yougoslavie et un ranch en Arizona, à l'endroit où se tournent tous les westerns.

Nous lui parlons d'une émission récente où il a apporté une pierre magique, un météore tombé la veille, au seuil de sa maison, auquel il attribue des vertus surnaturelles. Il éclate de rire :

— Oja l'a achetée chez un brocanteur, pour quelques dollars, cinq minutes avant l'émission. Le besoin de croire aux miracles est tel que j'ai reçu des centaines de lettres de gens me décrivant des phénomènes qui se sont déroulés dès que mon caillou est apparu à la télévision. Leurs montres se sont arrêtées. Des fourchettes se sont tordues.

Truffaut l'écoute, passionné, mais sur ses gardes. Pas une fois, en quatre heures qu'ils resteront pratiquement en tête-à-tête, ils ne se parleront de leurs films.

Nous levons nos verres à la prise de la Bastille. « La Bastille ? » Orson rit dans sa barbe. « Savez-vous combien d'hommes ont été libérés ce 14 Juillet-là ? Trois. Il n'y en avait que trois dans cette prison. Encore en ont-ils voulu à leurs libérateurs, se trouvant fort bien dans leur geôle... En ces temps-là, libre ou incarcéré, tout le monde était heureux... La merde a commencé à nous engloutir, le jour où un homme a posé le pied sur la lune... »

Que n'ai-je noté, le soir-même, tous ses paradoxes, flamboyants, imprévus...Hélas – ou plutôt Dieu merci – je ne suis pas de ces hôtes qui, tel cet auteur célèbre à Broadway, cachent sous leur table un magnétophone pour enregistrer la conversation de leurs invités...

A minuit, Orson et Oja s'en vont.

Une brume cotonneuse efface les collines, l'océan.

– Quel dommage ! Par temps clair, c'est tellement beau.

– Non, murmure Orson, c'est beaucoup plus beau de ne rien voir. Ça laisse place à l'imagination.

Truffaut reste avec nous. J'essaie de le faire parler d'Orson. Rien à faire. Il parle de Trénet, qu'il adore. Je connais assez mon François pour savoir qu'il ne faut pas insister. Il y vient plus tard, de lui-même :

– Orson a quatre films en chantier qu'il n'a pas terminés. Il ne les terminera jamais.

– Faute d'argent ?

– Peut-être... Non, je ne crois pas... Non, voyez-vous, je dirais plutôt... par panique. Je crois qu'il a peur de ne jamais pouvoir égaler *Citizen Kane*.

Cinq ans plus tard. Paris. Gala des Césars.

Je présente une partie du spectacle. Deux soucis majeurs : ne pas me foutre la gueule par terre en descendant les marches à mon entrée, et ne pas dire « Oscar » pour « César ». Le reste...

Orson doit apparaître à deux reprises. Il ressemble de plus en plus à quelque monstre préhistorique... On dit qu'il lui fut impossible, allant à l'Élysée se faire décorer, d'entrer dans la moindre voiture. Aucune porte n'est assez large pour son embonpoint immobile et narquois; il fallut le hisser dans une camionnette. Ce soir, il est arrivé dans un fauteuil roulant, et s'est enfermé dans une loge qu'on lui a confectionnée sur le plateau, et sur laquelle veillent des cerbères. Tout le monde tremble devant lui. J'essaie d'aller le saluer, mais on me fait comprendre qu'il n'est pas question que qui que ce soit s'approche de lui. Bien.

Le spectacle commence; il sort de sa loge à pas si lents qu'il paraît ne pas se déplacer. Tout à coup, il pousse un rugissement : « Où est Jean-Pierre? » Cravenne, Mondy, les assistants se précipitent sur moi : « Orson t'appelle. » Ils me poussent, complètement affolés. Je rejoins Orson qui m'embrasse sur les deux joues. Les autres n'en reviennent pas. Quel prestige ne viens-je pas d'acquérir, aux yeux de mes camarades!

Plus tard, je dois rendre hommage aux morts de l'année :

— Surtout fais-le dans la gaieté, m'ordonne Mondy.

— Je ne peux pas me tordre de rire en évoquant la mort de René Clair ou de Natalie Wood...

— Mais si... pense à la veine que nous avons de les avoir connus...

Orson m'envoie chercher pour prendre un verre dans sa loge. Le spectacle continue, interminable.

— On se croirait à bord d'une croisière de deux mois... Impossible de s'en aller, soupire Orson.

Après chaque phrase, il rit d'un grognement vengeur... Je le félicite de sa décoration.

— Bah! un prix de consolation! Comme on en a donné à Chaplin, pour s'excuser de ne jamais lui avoir octroyé un Oscar. Maintenant on m'offre d'être Président du jury de Cannes, mais c'est un titre dont j'ai décidé de me passer. Assez d'honneurs comme ça!... Rester enfermé dans le noir pendant des heures pour visionner la dernière production d'avant-garde albanaise, et un documentaire sur la récolte des poireaux en Transylvanie... merci bien!

Vers la fin du spectacle, on le rappelle en scène. Il doit simplement dire : « Et maintenant, Simone Signoret ».

Il entre par le fond, prend de longues et savantes minutes pour descendre vers la rampe. Avec l'épaisse et royale lenteur que Louis XIV mettait à parcourir la Galerie des Glaces. Enfin, le voici face au micro. Un long, un très long temps. D'un œil sarcastique, il parcourt la salle. En coulisse, Cravenne commence à s'inquiéter. Il croit qu'Orson a un malaise, ou qu'il ne se souvient plus du nom qu'il doit annoncer. Le silence continue. Plus les autres s'impatientent, plus Orson s'amuse. Pour un peu, il resterait là, toute la nuit, à dévisager son petit peuple.

Mais voici que le maître de cérémonie qui m'a succédé s'avance en tremblant vers Orson. Mezzo vocce, il lui dit respectueusement :

— Monsieur Welles, je crois que c'est le moment d'annoncer Mme Signoret.

Orson tourna vers lui, de plus en plus lentement, un regard empreint d'une ironie grandiose et méprisante, et laissa tomber :

— J'avais *commpris.*

Peu de temps avant sa mort, il avait décidé de tourner *The Craddle will Rock,* une comédie musicale. Mon jeune fils Patrick devait être son assistant. Une fois de plus, au moment de tourner, il abandonna ce projet.

J'en demandai les raisons à Patrick :

— Orson avait déjà, en tête, toute la mise en scène, tous les plans de ce film. Pour lui, c'était du passé. Les détails techniques quotidiens, les problèmes de régie, l'élaboration du plan de travail, le financement, les discussions sans fin avec les producteurs, tout ce qui ne dépendait pas de la création pure, l'ennuyaient à périr.

Orson mourut quelques semaines plus tard.

Qui sait? Peut-être avait-il senti qu'il n'avait plus en lui la force ni le génie d'entreprendre une nouvelle aventure... Fatigue... Fatigue d'avoir à convaincre, à se battre... Il vient un moment où les géants n'éprouvent plus de plaisir à s'attaquer à des nains. Où ils se lassent d'avoir à expliquer, à faire leurs preuves, à débuter à nouveau.

A vingt-six ans, on lui avait donné carte blanche et tapis rouge... Il avait accouché de *Citizen Kane.*

A plus de soixante-dix ans, il ne fallait pas qu'on s'attende à ce qu'il s'humilie. Il arrive aux plus solides de déclarer forfait; et il y avait longtemps qu'Orson n'était plus solide.

Il disparut.

Du moins emporte-t-il « Rosebud » avec lui...

MARLÈNE DIETRICH

Ma première rencontre avec Marlène Dietrich fut, à la fois, cocasse et héroïque.

Cela se passa en pleine guerre, sur le front d'Italie, en 1944. Mon unité, la Première Division Française Libre, avait été engagée pendant huit jours du côté de Cassino. Après cette semaine plutôt dure, le Haut Commandement nous avait promis quelques jours de répit. Le général Brosset, anxieux de distraire ses hommes, se souvint alors que Marlène Dietrich était à Naples, d'où elle rayonnait chaque jour, pour aller chanter devant les G.I.'s.

— La connaissez-vous? me demanda-t-il.

— Je l'ai aperçue une fois ou deux à Hollywood.

— Eh bien, demandez-lui si elle consentirait à venir chanter pour les soldats français.

Je partis pour Naples, et trouvai Marlène à l'hôtel Parco, aux pieds du Pausilippe.

La veille, sur les pentes du monte Leccio, j'avais passé la nuit, cherchant à m'abriter sous un tank, allongé contre un cadavre. J'étais sale et épuisé. Marlène m'offrit de prendre un bain. Un bain! Qu'aurions-nous donné, à cette époque, pour un bain! Un bain, suprême luxe, récompense suprême! Qui n'aurait alors échangé la croix de la Libération contre un bain!

Le lendemain, nous partîmes vers le front, dans ma jeep.

J'observais Marlène. En uniforme de G.I., secouée sur

des routes défoncées, elle était d'aussi bonne humeur que s'il se fût agi de rouler, dans sa Cadillac, de Beverly Hills à Malibu. Pourquoi était-elle là? Désir de servir? Soif d'évasion? Qui dira les motifs profonds qui ont incité les héros les plus purs à s'engager?

Dans son livre de souvenirs, Marlène a longuement raconté notre odyssée, comment nous nous étions égarés, comment nous nous sommes trouvés, la nuit tombée, du côté de Cassino, dans un no man's land ennemi... Aux yeux des nazis, elle était la renégate qui servait, contre ses compatriotes, dans l'armée américaine. Si nous avions été faits prisonniers, sans doute eût-elle été fusillée...

Fort heureusement, Marlène, sous les volutes de son personnage de légende, est une femme courageuse et dure. En choisissant d'aller apporter le sourire de son réconfort aux combattants, sur n'importe quel champ de bataille, elle savait les risques qu'elle prenait.

Elle les assume crânement, sans forfanterie, sans regrets.

Il faut croire que le Ciel nous protégeait, puisqu'en dépit des mines, des canonnades, et des pièges de la nuit, nous nous sommes retrouvés, après de longues heures, dans les lignes alliées.

Nous en parlons rarement, mais le souvenir de ce danger partagé est resté un lien très fort entre nous.

Des années passèrent. Marlène continuait à chanter, non plus sous les obus, mais dans de vrais théâtres.

Un beau jour, en 1962, dix-huit ans après notre équipée, elle vint se produire à l'Olympia. C'est, pendant ce séjour à Paris, dans un environnement moins périlleux que les abords de Cassino, que j'allais découvrir, sous d'autres aspects, une femme encore plus fascinante.

Une femme fascinante! Que dis-je?
Dix, vingt, trente femmes fascinantes.
Il y a, bien sûr, la star.
Elle brillait d'un tel éclat qu'elle faisait passer au

second plan ses talents d'actrice. Et pourtant, dans certains films, tels *Femme ou Démon* ou *Témoin à charge*, elle réussit des performances qui ne devaient rien à sa beauté.

Il y a l'astrologue, qui établit avec soin l'horoscope détaillé de ses amis, afin de leur signaler les dangers à éviter.

Il y a l'amie. Généreuse, attentive, incomparable. Quand j'ai joué une pièce à New York, non seulement elle m'a offert son appartement, mais elle l'avait rempli de fleurs pour m'accueillir. Elle avait sorti des bouteilles de champagne, et laissé des petits mots sur chaque meuble, sous chaque interrupteur, pour m'en expliquer le fonctionnement.

De toutes ces femmes étonnantes, et parfois contradictoires, j'en ai connu sept dans la même semaine! Qu'il me soit permis, sur le mode humoristique, de les évoquer. On m'accusera d'outrance. Mais André Gide l'a dit – et Marlène le sait mieux que quiconque : « Pour conserver au récit les couleurs de la vie, il FAUT exagérer. »

I. Dimanche
La Star

Orly. 1962. Elle émerge lentement de l'avion, hautaine, immaculée. A la fois Vénus sortant de l'onde, et la Vierge, telle qu'elle apparut à Bernadette Soubirous. Du haut de la passerelle, elle jauge le nombre de photographes, l'enthousiasme des fans, l'épaisseur du tapis rouge. Écrasé derrière une immense corbeille, Bruno Coquatrix s'incline. C'est de Gaulle déposant une gerbe au Soldat inconnu.

« Reine des attitudes et princesse des gestes », Marlène descend vers ses fidèles. Tailleur de Chanel, toque en vison, le visage peu, mais savamment maquillé, d'une jeunesse vraie, c'est-à-dire durement acquise, chèrement payée. Consciente de ses sortilèges, elle ne semble pas sentir comme jadis Sarah Bernhardt, « les lèvres de Shakespeare aux bagues de ses doigts ».

Pas même les lèvres de Coquatrix, qui l'a engagée pour l'Olympia. Bousculant et bousculé, Dalio parvient à l'approcher. Éperdu, il bredouille : « Chère Marlène... devant les photos de qui nous nous sommes tant branlés... » Je craignais qu'elle ne fût choquée. C'était mal la connaître. Elle accepte le compliment avec une moue dédaigneuse. Elle est l'idole que rien ne peut atteindre. Elle est LA STAR.

D'autres ont accaparé ce titre, mais ils ne l'avaient pas reçu de Dieu. Joan Crawford se battait, griffes dehors. Bette Davis, laborieusement, calculait. Garbo serrait frileusement, sur un cœur esseulé, les secrets de quelque Wotan, tapi dans des fjords incléments. Gary Cooper était trop nonchalant pour se soucier des carcans du vedettariat. Katharine Hepburn, trop orgueilleuse pour ne pas mépriser l'aune de ces fluctuantes apogées. John Wayne devenait, d'année en année, un patriarche. Il se mourait sur le mont Sinaï, après avoir reçu les Tables de la Loi... Non. Marlène, seule, est LA STAR. Ou plutôt, elle joue ce rôle, comme nul autre n'a su, ou voulu l'assumer...

Entourée de journalistes, la voici enfin blottie dans le salon des V.I.P., la robe haut relevée afin de nous prouver, dès l'abord, que les jambes n'ont rien perdu de leur galbe insolent. Les questions fusent, et les réponses... cinglantes :

— Miss Dietrich, on vient de refaire *l'Ange Bleu.* Comment trouvez-vous la nouvelle interprète ?

— Courageuse.

Elle serre sur son cœur une boîte minuscule. On lui demande ce qu'elle contient :

— Mon costume de scène.

L'attaché de presse distribue un communiqué : « Marlène étouffée par ses admirateurs. » Lyrique, il ajoute, avec un peu trop de zèle : « Son arrivée est l'événement le plus important depuis le retour des cendres de Napoléon. »

194

II. Lundi
L'Ingénue

Le lendemain matin, en se réveillant, elle a décidé d'être une timide jeune fille qui visite Paris pour la première fois. Au téléphone, à peine audible, elle murmure : « Ah ! Tu ne peux pas savoir ce que c'est que d'être seule dans un pays étranger où l'on ne connaît personne, et dont on ne parle pas la langue... » Dois-je préciser qu'elle parle admirablement le français, qu'elle est venue vingt fois à Paris et qu'elle y connaît tout le monde...

— ... Je voulais descendre les Champs-Élysées, je n'ose pas.

— Pourquoi, Marlène ?

— Il y a tant de bruit...

— Pas plus que sur Broadway, Piccadilly ou le Kurfürstendamm...

— Mais c'est si grand... si grand... Je suis une campagnarde... Je voyage si peu... A Berlin, maman me tenait par la main...

— Tu es une grande fille, maintenant... Et tu sais bien que tout le monde t'aime...

— Ils n'ont guère l'occasion de me le prouver... Tu ne me crois pas ? Écoute... La semaine dernière, je chantais à Londres. Chaque soir, après mon spectacle, je m'habillais pour sortir. Je mettais mes plus beaux bijoux, mes plus belles fourrures. J'essayais d'être belle, dans l'espoir que quelqu'un viendrait m'inviter à souper. Pas même ! A prendre un verre... Et j'attendais... j'attendais... Je me disais : « Il n'est pas possible que quelqu'un ne frappe pas à ma loge... n'importe qui, je ne suis pas difficile, grands Dieux, mais quelqu'un... » Personne n'est jamais venu. Voilà mon destin. Les hommes pensent : « Elle est sûrement prise... Elle doit être invitée partout... Inutile d'essayer... » Conclusion ? J'étais seule tous les soirs...

III. Mardi
L'Infirmière

Aujourd'hui, elle a choisi d'être nurse. Elle commence par appeler ses amis :

– Comment te sens-tu? As-tu pris ta température? Il y a une épidémie de grippe... Et ton cœur?... Ne me dis rien, je serai chez toi dans une demi-heure avec un stéthoscope. Et ton foie? Les Américains n'en ont pas, mais les Français en ont un. Personne n'y attache la moindre importance – les médecins moins que quiconque – mais c'est très nécessaire. Mets deux doigts sous tes côtes. Enfonce-les très fort. Ça fait mal? J'arrive. Et ton fils? Comment se passe sa puberté? Il faut qu'il fasse du cheval deux fois par jour. C'est la seule façon de sortir de cette période sans catastrophe irréversible... »

Elle se précipite chez un pharmacien et achète tout ce qu'elle y trouve : des pilules, des gouttes, des sirops, des laxatifs, des somnifères, des crèmes, des baumes.

Elle s'engouffre dans sa limousine, non sans avoir tâté le pouls du chauffeur. Elle fait le tour de ses amis et connaissances, plongeant des thermomètres dans les fesses de ceux qui sont au lit, et mettant au lit ceux qui paraissent en excellente santé. Tel le Dr Knock, elle estime que les gens bien portants sont des malades qui s'ignorent.

IV. Mercredi
L'amoureuse

Assis dans son salon, nous parcourons la presse. Elle fait semblant de ne pas s'y intéresser. Sur le piano, les photos de ceux qu'elle aime : Hemingway, Sinatra, Chevalier, Orson Welles, Gary Cooper, le général Clark, et, bien entendu, Jean Gabin. Il fut, il demeure le grand amour de sa vie. Ils s'étaient rencontrés pendant la guerre. Elle devint sa maîtresse, sa cuisinière, son chauffeur, son agent, son professeur de gymnastique. Elle cirait ses godasses tout en s'efforçant de développer son esprit. Elle le suppliait de lire. Il l'envoyait paître : « J'ai lu Bossuet à l'école. Quand on a lu ça... »

Après la guerre et un film, *Martin Roumagnac*, ils se séparèrent. Gabin se maria. Elle se souvint qu'elle avait, elle aussi, un mari. Un Allemand épousé à dix-huit ans, qu'elle avait installé dans une ferme, à cent kilomètres de Hollywood. Elle lui donna pour compagnie quelques lapins, quelques poules, une maîtresse, et, de loin, entretint généreusement tout ce beau monde.

Aujourd'hui, Marlène me demande de l'aider à revoir Gabin.

– Je ne l'ai pas rencontré depuis si longtemps... Je lui demande seulement d'assister à mon spectacle, même s'il ne vient pas dans ma loge. Je voudrais tant qu'il soit fier de moi...

– Ce ne sera pas facile. Il vit loin de Paris, dans une ferme...

– Lui aussi !

Finalement, après quelques efforts, j'arrive à voir Gabin, et lui expose la requête de Marlène. Il lève les épaules et m'adresse le regard d'un épagneul en détresse :

– Dis pas de conneries... J'ai une femme, des enfants, des chevaux, des porcs, des chiens... Qu'est-ce que tu veux que j'aille foutre à l'Olympia à reluquer la belle prussienne ?

Constatant que j'avais échoué dans mon ambassade, Marlène se mit en quête de quelqu'un qui tournât avec Gabin.

C'est la faille, le pied d'argile de la statue de bronze.

V. Jeudi
La Professionnelle

Dure, précise, attentive à tout. Quand elle tourne, elle relègue dans l'ombre son metteur en scène et donne des ordres au chef-opérateur avec une science sans faille : « Le huit, deux centimètres plus à gauche. Sur ce gros-là, un diffuseur. Un spot rose pour mes pommettes, et le 75 à la caméra. »

— Avec les Allemands, toujours le 75, grogne un vieux machiniste qui se souvient de la grosse Bertha.

A l'Olympia, son regard impérial se fixe sur un coin de la scène qui n'a pas encore été nettoyé :

— Je ne commencerai pas à répéter avant que M. Coquatrix ne vienne balayer cette poussière.

— M. Coquatrix est très occupé, hasarde un maladroit assistant. Je vais appeler un machiniste.

— Inutile. Je le ferai moi-même.

Et elle se saisit d'un balai.

VI. Vendredi
Intimité

Cédant aux vœux de plusieurs de mes amis, j'organise chez moi un souper en l'honneur de Marlène. J'y convie plusieurs séduisants célibataires, qui sont fous d'elle, et auprès desquels elle aura tout loisir d'exercer ses charmes. Ils arrivent, déjà captivés par sa légende, déjà amoureux. Elle fait son entrée, plus voluptueuse que jamais.

Les quatre célibataires l'entourent, la complimentent, lui font la cour. Marlène, dont les journaux ne cessent de célébrer le sex appeal et l'érotisme, ouvre son sac et en sort de petites photos qu'elle distribue à la ronde.

— Qui est-ce ? demande quelqu'un.

— Mes petits-enfants.

– Ils ont l'air très gentils, commentent les soupirants, un peu déçus.

Marlène serre les photos sur son cœur.

– Ils sont toute ma vie... Quand je les ai avec moi, je me lève à 6 heures pour préparer leurs biberons. Puis je les mets sur leurs petits pots de chambre, et j'attends jusqu'à ce qu'ils aient fait leurs petits besoins...

Gueule des adorateurs qui ont abandonné tout espoir de l'entendre parler d'autres choses que de langes...

– Et pas même de langes bleus, soupire un bel Italien célèbre pour ses conquêtes.

C'est lui qui, quelques heures plus tard, raccompagnera Marlène.

J'appris, par la suite, qu'ils s'étaient revus tous les soirs. Ils marchaient, dans des rues étonnées, jusqu'à l'aube. Elle lui parlait de Gabin. Il lui parlait de Garibaldi. Elle s'étonnait qu'il ne se montre pas plus hardi. Peu à peu, elle se piquait au jeu. Il ferait beau voir qu'un homme lui résiste! Elle télégraphia à son mage le thème astral du bel Italien, et reçut cette réponse : « Remède complexe. Ne s'en servir qu'avec prudence. »

Les nuits se suivaient, à marcher sous la pluie... sans qu'il consente jamais à la suivre chez elle.

– Il n'ose pas, pensait-elle. Certains hommes ont peur de risquer des comparaisons...

Dans un soupir, elle ajoute :

– S'ils savaient!

Évidemment, plus il se dérobait, plus elle y tenait.

– Je commençais à avoir un complexe... lorsque j'appris qu'il avait fait la même chose avec Bardot. Il l'a trimbalée à travers les rues pendant six mois... Et pourtant, je crois que Brigitte est plus jeune que moi...

Elle le suivit en Italie. Il la présenta à sa femme et à ses enfants. Marlène se mit à faire la cuisine et à préparer les tétines des marmots. Une kyrielle d'oncles et de cousines venaient goûter, chaque jour, les fettucine qu'elle mijotait.

Après quelques semaines, elle partit épuisée. Il arrive que les meilleurs d'entre nous se lassent, même des fettucine...

VII. Samedi
Le Monstre Sacré

C'est la grande première de gala. Tout Paris est en transe.

Seule Marlène est d'une impassible sérénité. Je vais lui rendre visite avant son entrée en scène. Cet après-midi, les cheveux cachés dans une écharpe, elle était petite, maigre et fatiguée. Ce soir, elle est grande, voluptueuse et jeune. Pas une ride. Bien sûr, le maquillage y est pour quelque chose, mais ces artifices ne serviraient de rien sans la volonté de triompher, une fierté cravachée, et quarante ans d'études de soi-même. « J'aimerais me connaître, disait Wilde, mais je n'en vois guère la possibilité pour le moment. » Marlène, à coup sûr, en a vu la possibilité.

Le régisseur frappe à la porte : « On commence dans un quart d'heure, Miss Dietrich. » Marlène l'ignore.

Elle se tient debout, dans sa loge, sa robe lui interdisant de s'asseoir. Des larmes de diamant cousues sur un tulle transparent. Plus que cinq minutes avant d'affronter pour la première fois tout Paris, un tout Paris aiguisé par une publicité tapageuse, par des cachets jamais atteints, par une curiosité morbide. Je lui demande si elle n'a pas le trac.

– Le trac ? Connais pas ! Si j'avais le trac, je ferais un autre métier ! Cuisinière, par exemple. Ah ! les pot-au-feu que je préparais pour Gabin ! Sais-tu comment il les appréciait ? Il grommelait : « Pas mal, mais de la gnognotte à côté du pot-au-feu de ma tante Marie... » Ah ! celle-là, ce qu'elle a pu m'emmerder...

Entre Bruno Coquatrix. Ils se heurtent sur chaque détail. Essayant d'établir, avec la bouffe, un terrain d'entente, j'avance :

– Bruno, lui aussi, est un spécialiste du pot-au-feu.

– Ah ! (Un « ah » glacial.)

200

— Qu'est-ce que vous mettez dedans, Marlène? demande Bruno, d'un ton faussement enjoué.

Les lèvres sensuelles s'agitent, les narines palpitent, la voix se fait rauque :

— Des poivrons, de l'ail, du basilic...

— Moi, je laisse cuire trois jours, dit Bruno.

— Moi, quatre, répond Marlène, cinglante.

Le régisseur frappe à nouveau : « En scène, Miss Dietrich. » Je m'apprête à la quitter, mais elle m'entraîne dans les coulisses.

— Où en étais-je ? Ah ! oui, il faut trois cuillerées de jus de carottes, de la cannelle, du genièvre évidemment...

Nous sommes arrivés sur la scène; derrière le rideau, la salle, pleine et fiévreuse. Les musiciens s'accordent. La rampe s'allume. Les trois coups sont frappés. L'orchestre attaque.

Elle enfile un immense manteau de cygne, aux manches en torsades, à la traîne royale, dont elle jouera comme le dompteur joue du fouet.

Le rideau se lève. Le silence rouge du théâtre fait battre mon cœur. Mais non le sien. Elle ne cherche pas à se concentrer. Elle ne fait pas de prière. Elle ne touche pas du bois. L'orchestre attaque *Falling in Love...* Elle murmure :

— Une fois mijoté dans la sauce, il faut du raifort, une branche de céleri, des cornichons...

Un texte enregistré de Cocteau, emplit le théâtre :

« Des sequins de l'Ange bleu à l'habit de Morocco, des diamants de Désir à l'uniforme du G.I., de port en port, de vague en vague, nous arrive enfin cette frégate, cette figure de proue, cet oiseau-lyre, cette légende, ce miracle... »

Quelques mesures, et elle doit entrer. Son bras dominateur s'appuie au portant.

L'orchestre entame : « Falling in love again, never wanted to... »

L'oiseau-lyre continue : « Quant à l'os à moelle... »

L'orchestre : « What am I to do ?... »

La frégate : « Un doigt de cumin et de fenouil... »

L'orchestre : « I can't help it... »

La figure de proue : « J'ai oublié une des épices. Ça commence par un E... »

L'orchestre : « Love's always been my game... »

Ça y est. Elle est entrée. Une folle ovation. Elle s'incline lentement. Longuement.

Puis, elle s'avance vers le micro et, dompteur hypnotisant les fauves, elle attaque : « Falling in love again... »

Soudain, elle se tourne vers moi qui l'observe de la coulisse, et, imperceptiblement, murmure à mon intention : « Échalotte. »

Sans rater une mesure, elle enchaîne : « Love's always been my game... »

Tout au long de la soirée, je la regarde, fasciné. Pour annoncer chaque chanson, elle parle avec langueur, une autorité de vieille cabotine, une moue de très jeune enfant... Et ce regard posé sur chaque spectateur, pour l'envoûter...

Plus tard, elle disparaît côté cour, quarante-cinq secondes, et réapparaît, côté jardin, en habit. Elle danse entourée de filles très jeunes et très belles.

Miracle de la présence, on ne voit qu'elle...

Du talent ? Certes. Mais là n'est pas ce qui importe.

Le talent est encombrant. Les monstres sacrés n'en ont pas besoin.

Ils existent, et c'est assez.

FILMOGRAPHIE

1931 *Jean de la Lune*   Jean Choux.
1932 *Échec et mat*   Roger Goupillerès.
  Faut-il les marier?   Carl Lamac.
  La merveilleuse tragédie de Lourdes   Henri Fabert.
1933 *Dans les rues*   Victor Trivas.
1934 *Le Voleur*   Maurice Tourneur.
  Lac aux dames   Marc Allégret.
  Maria Chapdelaine   Julien Duvivier.
1935 *Les Yeux noirs*   Victor Tourjansky.
  Les Beaux Jours   Marc Allégret.
  L'Équipage   Anatole Litvak.
1936 *Tarass Boulba*   Alexis Granowsky.
1937 *La Porte du large*   Marcel Lherbier.
  Le Chemin de Rio (Cargaison blanche)   Robert Siodmak.
  Le Messager   Raymond Rouleau.
  Drôle de drame   Marcel Carné.
  Maman Colibri   Jean Dréville.
  La Femme du bout du monde   Jean Epstein.
1938 *Chéri Bibi*   Léon Mathot.
  Le Paradis de Satan   Félix Gandéra.
  Belle Étoile   Jacques de Baroncelli.
  S.O.S. Sahara   Jacques de Baroncelli.
  Hôtel du Nord   Marcel Carné.
1939 *Le Déserteur* (Je t'attendrai)   Léonide Moguy.
1941 *Assignment in Brittany*   Jack Conway, puis Jules Dassin.
1945 *Cross of Lorraine*   Tay Garnett.
1946 *Heart Beat*   Sam Wood.
1947 *Song of Sheherazade*   Walter Reich.
1948 *The First Gentleman*   Alberto Cavalcanti.
  L'Atlantide   Arthur Ripley.
  Hans le marin   François Villiers.

1949 *Golden Arrow*   Gordon Parry.
1950 *La vie commence demain*   Nicole Védrès.
     L'Homme de joie   Gilles Grangier.
     L'Amant de paille   Gilles Grangier.
1951 *Dernier rendez-vous*   Gianni Franciolini.
     Les loups chassent la nuit   Bernard Borderie.
     La Vengeance du Corsaire   Primo Zeglio.
1952 *Lili*   Chuck Walters.
     Moineaux de Paris   Maurice Cloche.
1953 *The Charge of the Lancers*   William Castle.
     Si Versailles m'était conté   Sacha Guitry.
1954 *Dix-huit heures d'escale*   René Jolivet.
     Napoléon   Sacha Guitry.
1955 *Mademoiselle de Paris*   Walter Kapps.
     L'Impudique   Philip Dunne.
1956 *The Seventh Sin* (La passe dangereuse)   Ronald Neame.
1958 *John Paul Jones*   John Farrow.
1959 *Le Général ennemi*   George Sherman.
1961 *Le Diable à quatre heures*   Mervyn Le Roy.
     Les Sept Péchés capitaux   Roger Vadim
     Domenica d'estate   Guilio Petroni.
1962 *Vacances portugaises*   Pierre Kast.
     Le Cheval sans tête   Don Chaffey.
1967 *Un Château en enfer*   Sydney Pollack.
     Collectionista de cadaveres   Ed Mann.
1971 *Biribi*   Daniel Moosmann.
1972 *L'Homme au cerveau greffé*   Jacques Doniol-Valcroze.
     La Nuit américaine   François Truffaut.
1973 *Les Deux Missionnaires*   Franco Rossi.
1974 *Mahogany*   Berry Gordy.
     The Happy Hooker   Nick Sgarro.
1975 *Le Chat et la Souris*   Claude Lelouch.
     Catherine and Co   Michel Boisrond.
1976 *Des Journées entières dans les arbres*   Marguerite Duras.
1977 *Two Solitudes*   Lionel Chetwyn.
     Black Out   Ed Matalon.
1978 *Something Short of Paradise*   David Helpurn.
1980 *Allons z'enfants*   Yves Boisset.
1983 *La Java des ombres*   Romain Goupil.
     Le Sang des autres   Claude Chabrol.
1985 *Sweet Country*   Michel Cacoyannis.
1986 *On a volé Charlie Spencer*   Francis Huster.

AU THÉÂTRE

1931 *Le Prof d'anglais*   Régis Gignoux.
      Romance   Édouard Sheldon.
1932 *Un Taciturne*   Roger Martin du Gard.
      La Pâtissière du village   Alfred Savoir.
1934 *La Machine infernale*   Jean Cocteau.
      Comme il vous plaira   Shakespeare.
      Sérénade à trois   Noël Coward.
1935 *Pelléas et Mélisande*   Maurice Maeterlinck.
1936 *Le Veilleur de nuit*   Sacha Guitry.
      Quartier nègre   Georges Simenon.
1937 *Le Messager*   Henry Bernstein.
1938 *Famille*   Denys Amiel.
1939 *L'Amant de paille*   Marc-Gilbert Sauvageon.
1945 *Une grande fille toute simple*   André Roussin.
1947 *L'Empereur de Chine*   J.-P. Aumont.
1949 *L'Homme de joie*   Paul Geraldy.
1950 *Le Voyage*   Henry Bernstein.
1953 *Les Pavés du ciel*   Albert Husson.
1954 *Jules César*   Shakespeare.
1955 *Il y a longtemps que je t'aime*   Jacques Deval.
1957 *Amphitryon 38*   Jean Giraudoux.
1958 *Sodome et Gomorrhe*   Jean Giraudoux.
1959 *Mon père avait raison*   Sacha Guitry.
1960 *La Seconde* (aux U.S.A.)   Colette.
1962 *Flora*   Franco Brusati.
1963 *Tovarich* (aux U.S.A.)   Jacques Deval.
1965 *Madame Mousse* (aux U.S.A.)   J.-P. Aumont.
1966 *Incident à Vichy* (aux U.S.A.)   Arthur Miller.
1970 *Camino Real* (aux U.S.A.)   Tennessee Williams.
1971 *Les Anges meurtriers*   Connor O'Brian.
1974 *Les Amants terribles*   Noël Coward.

1976   *Des Journées entières dans les arbres*   Marguerite Duras.
1977   *La Guerre de Troie n'aura pas lieu*   Jean Giraudoux.
1978   *La Maison des cœurs brisés*   Bernard Shaw.
1981   *A Talent for Murder* (aux U.S.A.)   Ed Chodorov.
1982   *Coup de Soleil*   Marcel Mithois.
1983   *Coup de Soleil*   Marcel Mithois.
1984   *Pense à l'Afrique*   Pierre Laville.
       Christophe Colomb   Paul Claudel. Darius Milhaud.
1985   *Gigi* (à Londres)   Alan J. Lerner.
1986   *Gigi* (à Londres)   Alan J. Lerner.

A LA TÉLÉVISION

AUX U.S.A.

1951 *No Times for Comedy*, de Sam Behrman, avec Sarah Chur-
    chill.

1952 *Louis Braille*, de J. Sheldon.

1953 *Arms and the Man*, (Le héros et le soldat), d'après George
    Bernard Shaw.
    The Way of an Eagle, avec Grace Kelly.

1954 *Crime and Punishment*, Dostoïevski.

1956 *The Sound of Silence.*
    Integrity.

1957 *Sing a Song.*

1958 *Word from a Sealed off Box*, avec Ann Sheridan.

1959 *Family Happyness*, de Sidney Lumet.

1959 *Person to Person*, de Ed Murrow.

1960 *The Eternal Now*, avec Lorreta Young.

1961 *Intermezzo*, avec Ingrid Thulin.

1963 *The Plague*, d'après *La Peste* d'Albert Camus.
    April in Paris, avec Liza Minnelli.

1966 *Flipper*, (Flipper, le dauphin).
    An Evening with Marisa Pavan and J.-P. Aumont.

1967 *Something Special*, avec Marisa Pavan.

1968 *Breakfast at Tiffany*, avec Stephanie Powers.

1970 *Going First Class.*

1976 *Starsky and Hutch*, avec David Soul et Paul Michaël Glaser.

1977 *Merv Griffin.*

1979 *Love Boat.*
    French Atlantic Affair.
    Beggerman Thief, avec Glenn Ford et Jean Simmons.
    The Memory of Eva Ryker, avec Natalie Wood.

1980 *Mother Seaton.*

1982 *Heart to Heart*, avec Bob Wagner, Stephanie Powers.

1984 *Simon and Simon.*

1985 *Sins*, avec Joan Collins.

EN FRANCE

1955   *La Pèlerine écossaise*   Sacha Guitry.
1958   *Châteaux en Espagne*   Sacha Guitry.
       Un beau dimanche   J.-P. Aumont.
1959   *Jean Le Maufranc*   Jules Romains.
1966   *La Tempête*   Shakespeare.
1969   *Carlos et Marguerite,* (Au Théâtre ce soir)   J.-B. Luc.
1970   *La Pomme de son œil*   J.-P. Aumont.
1971   *Comme il vous plaira*   Shakespeare.
1972   *Joyeux chagrins*   Noël Coward.
1977   *La Corde au cou*   Marcel Moussy.
1978   *La Lacune*   Eugène Ionesco.
1979   *Émilienne ou la Fidélité*   J.-P. Aumont.
1980   *Carte Vermeille*   Alain Levant.
       Arcole   Marcel Moussy.
       Pygmalion   Bernard Shaw.
1982   *Les Beaux Quartiers*   Jean Kerchbron.
       Le Fleuve étincelant   Patrick Bureau.
1983   *L'âge vermeil*   Roger Kahane.
1985   *Le Regard dans le miroir*   Jean Chapot.
1986   *Les Millionnaires du jeudi*   Pierre Sisser.

INDEX

217

Dalida : 51.
Dalio (Marcel) : 80, **87**, 194.
Dantine (Helmuth) : 146.
Darrieux (Danielle) : 75.
Dassin (Jules) : 136.
Dauphin (Claude) : 95.
Davis (Bette) : 140, 194.
Davis (Sammy) : 156.
Dean (James) : 136, 149, 181.
Decoin (Henri) : 76.
Delvair (Jeanne) : 18.
Deneuve (Catherine) : 62.
Depardieu (Gérard) : 79.
Diaghilev (Serge de) : 79.
Dietrich (Marlène) : 135, 181, **191**.
Dunne (Irène) : 135.
Duras (Marguerite) : 46, 111.
Duse (Eleonora) : 84.
Duvivier (Julien) : 111.
Dux (Pierre) : 34.

Fellini (Federico) : 71.
Ferreri (Marco) : 71.
Feuillère (Edwige) : 28, 83.
Feydeau (Georges) : 112.
Flynn (Errol) : 89, 134.
Fresnay (Pierre) : 79, 134.

Gabin (Jean) : 83, 111, 196.
Gable (Clark) : 134, 135.
Garbo (Greta) : 139, 181, 194.
Garland (Judy) : 156.
Genet (Jean) : 112.
Gide (André) : 165, 193.
Gielgud (John) : 163.
Giquel (Bernard) : 166.
Giraudoux (Jean) : 41, 72, 149.
Godard (Jean-Luc) : 121.
Gogol (Nicolas) : 75.
Goldwyn (Samuel) : 133.
Gordy (Berry) : 159.
Granval (Jean-Pierre) : 118.
Groleau (Pierre) : 184.

Guers (Paul) : 83, 85.
Guinness (Alec) : 163.
Guitry (Sacha) : 127, 128.

Harrison (Rex) : 169.
Haviland (Olivia de) : 135.
Hemingway (Ernest) : 196.
Hepburn (Katharine) : 140, 194.
Herbault (Michel) : 120.
Hitchcock (Alfred) : 128.
Holt (Jany) : 95.
Hopper (Heda) : 135.
Hugo (Victor) : 18, 20, 48, 167.
Hunter (Tab) : 135.
Huster (Francis) : 83.

Jouvet (Louis) : 81, 126, 173.

Kadar (Oja) : 185.
Kafka (Franz) : 112.
Kazan (Elia) : 136.
Kelly (Grace) : 176.
Kubrick (Stanley) : 136.

Lamar (Hedy) : 135, 140.
Landis (Carole) : 169.
Larroumet : 117.
Leaming (Barbara) : 181.
Léaud (Jean-Pierre) : 128.
Leigh (Vivien) : 19, 24, 165, **169**.
Lherbier (Marcel) : 122.
Litvak (Anatole) : 135.
Lollobrigida (Gina) : 152.
Lorrin (Gérard) : 118.
Losey (Joseph) : 136.
Lubitsch (Ernst) : 128.

Maillan (Jacqueline) : 58, **97**.
Mankiewicz (Joseph L.) : 182.

TABLE DES MATIÈRES

Imprimé en France
Dépôt légal : septembre 1986
N° d'édition : FT 3001-86-X – N° d'impression : 5781